Georges Minois

Hölle – Kleine Kulturgeschichte der Unterwelt

HERDER spektrum

Band 4778

Das Buch

Die Vorstellung einer Hölle ist in allen Kulturen anzutreffen. Man findet sie in den ältesten Texten der Menschheit zusammen mit den frühsten religiösen Ideen genauso wie in den Schriften der Atheisten der Gegenwart. Ob ein finsterer, im Jenseits gelegener Ort oder eine existentielle Angstsituation in diesem Leben: die Hölle hat viele Formen und viele Gestalten je nach Art der jeweiligen Gesellschaft. Mit der Idee einer Bestrafung und eines Gerichts ist die Hölle, ob ewig oder zeitlich, der Spiegel, der zeigt, wo jede Kultur es verfehlt, ihre sozialen Probleme zu lösen. Sie erweist die Zwiespältigkeit des menschlichen Seins. In diesem Band zeichnet ein berühmter Fachmann ein faszinierendes Panorama der Unterweltvorstellungen aus den wichtigsten Religionen. Angefangen bei den schriftlosen Kulturen (Afrika, Altamerika, Alteuropa) über die großen orientalischen Religionen (Ägypten, Hinduismus), die klassische Antike, die Unterweltsvorstellungen des Alten und des Neuen Testaments bis hin zu der klassischen Höllenkonzeption des abendländischen Christentums erhält der Leser einen umfassenden Überblick über die unterschiedlichsten Ausprägungen dieser das religiöse Bewußtsein zutiefst prägende Glaubensüberzeugung.

Der Autor

Georges *Minois*, bekannter französischer Universitätsdozent für Geschichte und Literatur; zahlreiche Veröffentlichungen.

Georges Minois

Hölle – Kleine Kulturgeschichte der Unterwelt

Aus dem Französischen von Peter Dinzelbacher

Herder
Freiburg · Basel · Wien

Die Originalausgabe „Histoire de l'enfer" erschien 1994
bei Presse Universitaire de France, Paris.

Gedruckt auf umweltfreundlichem,
chlorfrei gebleichtem Papier

Satz: DTP-Studio Helmut Quilitz, Denzlingen
Druck und Bindung: Freiburger Graphische Betriebe 1999
Umschlaggestaltung: R · M · E, Roland Eschlbeck, Liana Tuchel
Umschlagmotiv: Weltgerichtsaltärchen, um 1475

ISBN 3-451-04778-0

Inhalt

Einführung 7

I. Die Unterwelten der schriftlosen Kulturen 9
1. Schwarzafrika 10
2. Das Jenseits der Schamanen 11
3. Amerika vor Kolumbus 13
4. Die germanische und skandinavische Unterwelt 15

II. Die Höllen der großen altorientalischen Religionen 19
1. Die mesopotamischen Höllen 20
2. Die ägyptischen Unterwelten 22
3. Die Unterwelten des Hinduismus 24
4. Die Höllen im Mazdaismus 27

III. Die Unterwelten des klassischen Altertums 31
1. Die griechischen Unterwelten:
Dichter und Philosophen 31
2. Die existentielle Hölle des Lukrez 36
3. Die philosophische Hölle Platos 38
4. Die poetisch-volkstümliche Unterwelt Vergils . 42

IV. Die biblischen und jüdischen Unterwelten 47
1. Die frühen biblischen Vorstellungen 48
2. Bedenken gegen die Hölle im Judentum
des 3. bis 1. vorchristlichen Jahrhunderts 50
3. Die Höllen der Rabbiner und im „Talmud" . . . 53
4. Die Hölle im „Neuen Testament" 55

V. Die Entwicklung der christlichen Hölle 59
1. Die Hölle der volksläufigen Überlieferungen . 60
2. Die grundlegenden Lehren der Kirchenväter . . 64
3. Die Hölle in den Visionen der Mönche 69
4. Die Hölle der Theologen 73

VI. Die Abkömmlinge der christlichen Hölle 79
1. Die islamische Hölle: das Gericht 79
2. Die islamische Hölle: die Strafen 81
3. Die Häretiker und die Hölle 82
4. Die Geburt des Fegefeuers 84

VII. Die Funktionalisierung der Hölle vom Mittelalter zum 16. Jahrhundert 87
1. Die Hölle der Künstler 88
2. Die Hölle als literarisches Thema 91
3. Die Hölle im Dienste der Pastoral mit der Angst 95
4. Die Hölle der Mystiker 99

VIII. Höhepunkt und Infragestellung der Hölle (17. bis 19. Jh.) 105
1. Die Hölle des Barock 106
2. Eine überbevölkerte Hölle 115
3. Die Verhärtung des 19. Jahrhunderts 117
4. Die Kritik an der Hölle (18. und 19. Jahrhundert) 121

IX. Die Verwandlungen der Hölle (19. und 20. Jahrhundert) 127
1. Der Rückgang der eschatologischen Ängste . . 128
2. Das Verblassen der christlichen Hölle 133
3. Die neuen Höllen (19. Jahrhundert) 135
4. Die Hölle in der Gegenwart 139

Einführung

Die Vorstellung einer Hölle ist in allen Kulturen anzutreffen. Man findet sie in den ältesten Texten der Menschheit zusammen mit den frühesten religiösen Ideen genauso wie in den Schriften der Atheisten der Gegenwart. Ob ein finsterer, im Jenseits gelegener Ort oder eine existentielle Angstsituation in diesem Leben: Die Hölle hat viele Formen und viele Gestalten je nach Art der jeweiligen Gesellschaft. So alt wie das Bewußtsein der Menschheit, ist sie mit dem Menschsein an sich verbunden. Seine Leiden, seinen Haß, seine Widersprüche und seine Machtlosigkeit hat der Mensch in sie projiziert, so wie das Paradies die Sublimierung seiner Hoffnungen, seiner Freuden und seiner Sehnsucht nach Glück darstellt. Mit der Idee einer Bestrafung und eines Gerichts ist die Hölle, ob ewig oder zeitlich, der Spiegel, der zeigt, wo jede Kultur es verfehlt, ihre sozialen Probleme zu lösen. Sie erweist die Zwiespältigkeit des menschlichen Seins. Insofern der Mensch unfähig ist, das Geheimnis seiner selbst zu ergründen, imaginiert er eine Hölle.

Von allen Höllen, die man seit Urbeginn erdacht hat, ist die vollständigste, die systematischste, die hoffnungsloseste die des Christentums – so sehr, daß sie zum Archetyp geworden ist. Sie ist absolutes Leiden, das zugleich die fünf Sinne und – durch Gewissensbisse und das Bewußtsein von der Ewigkeit der Qualen – den Geist erfüllt. Eine vollkommen rationale Konstruktion innerhalb einer neuplatonischen Logik ist diese christliche Hölle, bestimmt für die Verdammten, das Gegenteil einer Heilsreligion, die die menschliche Freiheit respektieren möchte: Sie wird zum Schicksal jener, die sich von der Quelle des absolut Guten trennen. Das ist ihre Einzigartigkeit und ihre Macht.

Aber lange vor der christlichen Hölle haben sich andere Religionen ihre Gedanken über das Leben im Jenseits gemacht.

Meistens dachte man, daß das irdische Leben in einem unbestimmten anderen Bereich einfach weitergehen würde, wo die Unglücklichen dieser Welt weiterzuleiden hätten. In diesen Unterwelten für alle gab es keine Trennung zwischen Guten und Bösen, sondern nur die triste Verlängerung des irdischen Geschicks eines jeden. Es war die fortschreitende Verfeinerung des moralischen Gewissens, die nach und nach dazu führte, eine Hölle für die Bösen auszusondern, zunächst eine zeitliche, dann, mit dem Christentum, eine ewige. Die gegenwärtige Epoche befindet sich teilweise auf dem Rückweg zu der ursprünglichen Vorstellung: Einerseits führen der Rückgang des traditionellen Glaubens und der Kirche zu einem Verblassen der christlichen Hölle, die in den offiziellen Darstellungen des Glaubens mehr und mehr zurücktritt; andererseits beschränkt die Relativierung der Konzepte von Gut und Böse die Trennung zwischen Hölle und Paradies, die beide auf Erden von einer Dialektik der Unentschiedenheit ersetzt werden. Die Hölle tendiert dazu, als eine Komponente der Existenz gelebt zu werden, Resultat der Spannung zwischen den Bedürfnissen des Individuums und jenen der Gesellschaft. Gefangen zwischen der Notwendigkeit, sich selbst zu behaupten, und den Zwängen des gesellschaftlichen Druckes, trägt jeder seine Hölle in sich, Objekt der Analysen der Psychologen, Psychoanalytiker, Soziologen und Philosophen, nachdem sie für die Theologen ausgedient hat. Die Geschichte der Hölle, das ist die Geschichte des mit seiner eigenen Existenz konfrontierten Menschen. Denn, wie es einige große Geister der Vergangenheit gesehen haben, trägt er als Möglichkeiten beide gegensätzlichen Geschicke in sich, die er hintereinander oder gleichzeitig realisiert. Das ist es, was im 17. Jahrhundert Milton in seinem „Verlorenen Paradies" schrieb:

„Der Geist ist an seinem eignen Raum, und in sich selbst kann er einen Himmel aus einer Hölle, eine Hölle aus dem Himmel machen."

(The mind is its own place and in itself can make a heaven of a hell, a hell of heaven) (v. 247).

I. Die Unterwelten der schriftlosen Kulturen

Anders als beim Fegefeuer, das eine bewußte Schöpfung der katholischen Theologie ist, deren Geschichte brillant von Jaques LeGoff in seinem Buch „Die Geburt des Fegefeuers" behandelt wurde, ist es unmöglich, die Geburt der Hölle festzustellen. Wenn auch die ältesten Texte, die davon sprechen, aus dem zweiten Jahrtausend vor unserer Zeitrechnung datieren, ist es doch wahrscheinlich, daß diese Vorstellung auch in der Vorgeschichte nicht unbekannt war. Vor ungefähr fünfzigtausend Jahren erschien die Praxis der Leichenbestattung. Sie war sicherlich von einem Glauben an das Weiterleben der Toten begleitet, also an eine „Unterwelt" im ganz allgemeinen Sinne als eines Ortes, an dem die irdischen Tätigkeiten fortgeführt werden. Diese Glaubensvorstellung begleitete keine Idee an Vergeltung oder Bestrafung, da wahrscheinlich entsprechende moralische Normen und die Vorstellung der Verantwortlichkeit noch fehlten. Bislang erlaubt kein Hinweis, die Natur dieser vorgeschichtlichen Unterwelt zu präzisieren.

Uns näherstehend, gestatten jedoch die ausschließlich mündlichen Kulturen gewisse Züge jahrhundertealter Glaubensvorstellungen über die Hölle zu erfassen. Obwohl diese Kulturen sehr weit voneinander entfernt sind, sowohl in der Zeit als auch im Raum als auch was ihre sozialen Strukturen betrifft, kennen sie doch sehr ähnliche Unterwelten. Es handelt sich um in der Regel triste Aufenthaltsorte für alle Toten, wo man die irdischen Tätigkeiten als eine Art Gespenst weiterführt. Der Weg dorthin ist mit Fallen gespickt, die in ihrer

Form Initiationsprüfungen entsprechen. Die Abgewiesenen sind jene, die während ihres Erdenlebens oder bei ihrem Tod nicht die den sozialen Zusammenhalt schützenden Riten respektierten oder die von einer Unreinheit behaftet sind. Sie sind vom normalen Leben der Unterwelt ausgeschlossen und dazu verdammt, außerhalb der Gesellschaft, deren Regeln sie nicht beachtet haben, umherzuirren. Das Schicksal der anderen, der Integrierten, ist offensichtlich schon während ihres Erdenlebens bestimmt worden, und ihr Zustand in der Unterwelt bringt keine Änderung mit sich.

1. Schwarzafrika

Einige Beispiele von Völkern der südlich der Sahara gelegenen Savanne bestätigen dieses Schema. Die Unterwelt der Sererer in Senegal befindet sich in Hunulu, dem Mittelpunkt der Erde: ein finsterer Ort, wo man nach und nach seine Kräfte verliert. In derselben Region besitzen die Diola eine ziemlich originelle Vorstellung, die vornehmlich mit einer moralischen Konzeption verbunden ist: Der Mensch besteht aus drei Teilen, einem Guten, einem Bösen und einem Hervorragenden. Beim Tod wird der schlechte Teil ausgelöscht, der hervorragende Teil kommt in ein Paradies, und der gute Teil erlebt eine Reinkarnation. Das Schicksal, das den Toten erwartet, hängt vom Verhältnis der drei Teile ab: wenn der böse Teil zu übermächtig ist, wird er endgültig vernichtet.

In den meisten Fällen jedoch geht das Leben in der Unterwelt als Spiegelbild des irdischen weiter, wobei Tag und Nacht, links und rechts vertauscht sind. Es gibt dort eine besondere Gruppe der Abgewiesenen, die – ohne deswegen immer eine Strafe zu erleiden – abgesondert sind, nämlich Randexistenzen aller Art: Verrückte, geistig und körperlich Behinderte, Zauberer, Mörder, kinderlos Verstorbene oder Leute, die der Tod in einer abnormalen oder unreinen Situation ereilte, wie

Frauen im Kindbett, nicht initiierte junge Männer, Ertrunkene, Selbstmörder, vom Blitz Getroffene, Verschollene. In Guinea, beim Volk der Kisi, sind sie alle im „Land der Bösen" in Finsternis. Diese Abweisung betrifft also auf die eine oder andere Weise alle jene, die schlecht in die Gemeinschaft integriert sind. Schon auf Erden abgesondert, werden sie von den gewöhnlichen Wohnstätten der Toten ausgeschlossen, ohne deswegen besonderen Qualen unterworfen zu sein.

2. Das Jenseits der Schamanen

Die schamanischen Praktiken erlauben es, die Bedeutung dieser Unterwelt besser kennenzulernen, die uns speziell durch die Arbeiten Mircea Eliades gut bekannt sind. Sie finden sich in der Tat bei zahlreichen und unterschiedlichen Völkern, in der Regel Halbnomaden oder Bergbewohner von Tibet bis zum Altai, von Neuguinea bis zur Mongolei, von nordamerikanischen Indianerstämmen bis zu den Tungusen und Juraken Zentralsibiriens.

Bei allen diesen Völkern gibt es eine Person, die eine direkte Kenntnis der Unterwelt besitzt: der initiierte Schamane, der mit besonderen Fähigkeiten ausgestattet ist, die ihm gestatten, während einer bis zu drei Tagen dauernden Ekstase im Geist in das Totenreich hinabzusteigen, um die Seele eines Verstorbenen zu begleiten und ihr zu helfen, die Hindernisse auf diesem Weg zu überwinden. Bei seiner Rückkehr berichtet er über seine Reise und teilt seine Erfahrungen mit.

Wir wissen, daß für diese Völker die Jenseitsreise von Hindernissen erschwert wird, deren häufigstes die Überwindung einer extrem schmalen Brücke darstellt, die bisweilen nur die Breite eine Haares hat und einen Abgrund überspannt, in den die nicht Initiierten hinabstürzen. Das Schicksal derer, die diese Hindernisse nicht überwinden, ist ungewiß. Bei den Tataren erleiden sie Qualen, die ihnen von Dämonen zugefügt werden. Aber dabei handelt es sich nicht um moralische Bestrafung: Es ist alles eine Frage der Initiation, und die, die sich verirren, sind eher Pechvögel, Unwissende, Tölpel als Bösartige. Jeder kann also darauf hoffen, in dieses Jenseits zu kommen, wenn er über einen guten Führer verfügt, und es sind die Götter selbst, die den ersten Schamanen geschickt haben, um diese Aufgabe zu übernehmen. Bei den Tibetern und den Mo-So des Junnan wird eine Karte vor dem Verstorbenen ausgebreitet, um ihm den Weg ins Jenseits zu zeigen. Dieses ist von neun Umwallungen umzogen und durch Brükken getrennt, die von Dämonen bewacht werden. Wenn man sieben Goldberge erklettert hat, gelangt man zum Baum der „Medizin der Unsterblichkeit".

Die Prüfungen auf der Reise können auch als Etappen einer Reinigung betrachtet werden. Bei den Völkern des Altai muß man enorme Strecken überwinden, Wüsten, Gebirge, Ozeane, Steppen, ehe man durch eine Öffnung hinabsteigt, die zu sieben Treppen führt, die „Pudaks" oder Hindernisse, die den Charakter von Initiationen besitzen. Dann gelangt man zu der berühmten Brücke und schließlich zum Palast des von Hunden bewachten Königs der Unterwelt, Erlik Khan. Die gleiche Prozedur findet sich bei den australischen Ureinwohnern wieder, bei denen bestimmte Zeichnungen die Seelenreise darstellen und den langen, mit Hindernissen gespickten Weg. Bei den Jakuten, den Mongolen, den orientalischen Türken wird die Reise dadurch erleichtert, daß die Verstorbenen Flügel verwenden. Bei all diesen Völkern gehen Paradies und Hölle ineinander über. Wer immer in diese unterirdischen Orte gelangt, die von mächtigen Mauern fest begrenzt sind, verfolgt seine irdischen Tätigkeiten weiter, und die soziale Hierarchie bleibt gewahrt.

Es war während des Erdenlebens, daß man seinen Status im Jenseits vorausbestimmte. Alles spielt sich auf Erden ab. In der Unterwelt bleiben die Mächtigen mächtig, und bei kriegerischen Völkern wie bei den Mongolen dienen dem Toten alle jene, die er auf Erden getötet hat. Hier gibt es tatsächlich eine allen diesen Religionen gemeinsame Überzeugung: daß nämlich die Ewigkeit sich auf Erden abspielt. Unterschiede wirken sich auf die Auswahlkriterien der anderen Welt aus. In allen diesen traditionellen Kulturen, deren wirtschaftliche Situation oft schwierig ist und die von allen möglichen äußeren Gefahren bedroht werden, besteht das entscheidende Element im Zusammenhalt der Gruppe. Die Randexistenzen sind ausgeschlossen, jene die nicht in die Gesellschaft integriert sind oder nicht zu ihrem Bestehen beitragen. Bei den Eskimos beispielsweise werden schlechte Jäger an einen unterirdischen Ort geschickt, wo sie Mangel leiden, während Selbstmörder, deren Tat für die Gemeinschaft den Wert eines Opfers besitzen kann, mit den Heroen in einen oberen Himmel gelangen.

Der Rest der Gemeinschaft bleibt geschlossen an jenem neutralen Ort, den die Unterwelt darstellt, ohne Unterschiede. Dieser bei den zentralasiatischen Völkern sehr alte Glaube hat die ersten christlichen Reisenden beeindruckt, wie den Franziskaner Johannes de Plano Carpini, der im 13. Jahrhundert schrieb: „Was das ewige Leben und die ewige Verdammung betrifft, wissen sie nichts davon. Sie glauben vielmehr, daß sie nach dieser Welt in einer anderen leben werden und daß sie dort ihre Herden vermehren und trinken werden und nichts anderes tun als das, was sie schon als Lebende in dieser Welt getan haben."

3. Amerika vor Kolumbus

Die Vorstellungen der großen altamerikanischen Kulturen kennenzulernen wird dadurch erschwert, daß sie im 16. Jahrhundert von den katholischen Missionaren einer Akkulturation unterzogen wurden. Die in jener Epoche gesammelten Quellen sind nämlich deutlich vom Christentum beeinflußt. Wenn also etwa der bekehrte und am Ende seines Lebens sogar zum Priester geweihte Inka Garcilaso de la Vega behauptet, daß die Inkas an die Existenz einer für die Bösen qualvollen Hölle glaubten, so ist es möglich, daß er die ursprünglichen indianischen Vorstellungen verfälschte. Allerdings scheint es, daß diese Hölle der Inkas jedenfalls nur vorläufigen Charakter hatte: Die Inkas „glaubten, daß nach diesem Leben ein anders kommen werde, das für die Bösen Strafen und Ruhe für die Guten bringen würde …; sie nannten die für die Bösen bestimmte Unterwelt Ucu Pacha, den Mittelpunkt der Erde, und um noch deutlicher zu werden, gaben sie ihm einen anderen Namen, Cupaipa Huacin, das heißt: Wohnung des Teufels … Sie versicherten, daß das Leben in der Unterwelt, die wir Hölle nennen, erfüllt war von allen Krankheiten und allen Übeln, die wir hier erdulden, ohne irgendwelche Ruhe noch Zufriedenheit … Die Inkas glaubten noch an eine allgemeine Auferstehung, ohne sich Verklärung oder Strafe vorzustellen, sondern ein Leben, vergleichbar mit dem, das wir hier führen, denn ihr Geist erhob sich nicht höher über dieses gegenwärtige Leben." (Königliche Kommentare über das Peru der Inkas).

Bei den Mayas treffen wir auf eine Unterwelt für alle; sie liegt unter der Erde und kennt kein Strafsystem. Bei den Azteken ist das Schicksal der Verstorbenen differenzierter, aber abhängig von der Todesart und nicht vom sittlichen Verhalten. In der unterirdischen Hölle Mitlan regieren Mictlantecuhtli und seine Partnerin Mictlancihuatl. Man gelangt dorthin nach einer langen und gefährlichen Reise, an deren Ende die im Kampf gestorbenen Krieger in die Region des Sonnenaufgangs kommen, die im Wochenbett verstorbenen Frauen in jene des Sonnenuntergangs, die jung verstorbenen Kinder an einen Ort, wo die Bäume die Form von Brüsten haben, und die Ertrunkenen oder vom Blitz Erschlagenen in einen Kosmos des Blühens und der Fruchtbarkeit, genannt Tlalocan.

Diese Vorstellungen waren dazu bestimmt, von den moralischen und theologischen Normen des Christentums verkehrt zu werden. Dominikaner und Jesuiten sollten lehren, daß alle Indianer vor ihrer Unterwerfung auf ewig in einer Hölle voller Qualen verdammt sind, da sie die wahre Religion nicht gekannt haben. Das Konzil von Lima 1551 befahl den Pfarrern, die Indianer zu lehren, daß „alle ihre Vorfahren, alle ihre Herrscher sich nun an diesem Ort der Marter befänden, denn sie kannten weder Gott, noch beteten sie ihn an, sondern sie beteten die Sonne an und die Steine und andere Geschöpfe."

Diese gnadenlose Überzeugung, die auf dem Grundsatz basiert, daß es außerhalb der Kirche kein Heil gibt, sollte für lebhafte Diskussionen innerhalb der katholischen Kirche sorgen, und von den Indianern wird sie als tiefgehendes Trauma empfunden. Studien über die Thematik der Delierien und Visionen der mexikanischen Indianer zeigen, daß mehr als die Hälfte der von Geisteskrankheit oder Alkoholmißbrauch hervorgerufenen Delierien einen Bezug zur Hölle aufweisen. Das Aufeinanderprallen der beiden Kulturen manifestiert sich im Kontrast zwischen der traditionellen, neutralen Unterwelt, die den unbefriedigten Bedürfnissen jedes einzelnen auf der Welt entsprochen hatte, und der repressiven christlichen Hölle.

4. Die germanische und skandinavische Unterwelt

Die gleichen Kontraste finden sich in Nordeuropa hinsichtlich der Unterwelt der vorchristlichen germanischen Völker. Hier zeigt das Vokabular die Gegensätze und zeugt zugleich für das Eindringen bestimmter heidnischer Vorstellungen in die christlichen. Die germanische Unterwelt ist die Hel oder „die verborgene Stätte", eine finster und neblig kalte Welt unter der Erde, in der alle Toten umherirren. Es ist dieses Wort, das aufgenommen wurde, um die Hölle im Englischen zu bezeichnen (hell), ebenso im Deutschen (Hölle), ein Ausdruck, der mit englisch hole und deutsch Höhle verwandt ist. Die Kirche konnte dagegen in den romanischen Ländern das Wort infernum (Ort in der Tiefe) durchsetzen und inferi für die heidnische Unterwelt.

Die Hel ist ein ferner und verschlossener Ort, den man nach einer langen und gefährlichen Reise, meist über das Meer, erreicht. Anscheinend erst sehr spät und vielleicht unter Einflüssen von außen wurde ein Unterschied zwischen den Geschicken der verschiedenen Toten gemacht. Das „Gesicht der Seherin", die „Völuspa", eine späte eddische Dichtung, spricht von einem Gericht und einer Bestrafung für die auf Erden begangenen Verfehlungen. Aber es ist die gesellschaftliche Funktion, die das wesentliche Kriterium der Differenzierung darstellt: Walhalla, der Aufenthaltsort der toten Krieger, wird mehr und mehr zu einem großartigen Palast, wo die Kämpfer in der Gesellschaft Odins feiern. Das fortschreitende Übergewicht der Kriegerkaste manifestierte sich in einer Anpassung des Jenseits nach der Ethik der Krieger. Bei den Skandinaviern und Kelten kann das Totenreich viel leichter erreicht werden, viele Heroen konnten es schon zu Lebzeiten nach einer von Initiationsprüfungen markierten Reise besuchen. Eine unterirdische Reise war die des Nerra und des Conn, eine Reise über das Meer die des Bran, Connla, Oisin und Cuchulainn. Die von diesen Mythen beschriebenen Unterwelten sind keine Orte der Qual, alle Toten weilen dort ohne moralische Differenzierung. Die Eigenständigkeit besteht hier in dem familiären Umgang zwischen Toten und Lebenden und dem vergleichsweise einfachen Übergang von der einen Welt in die andere, ein fester Zug im keltischen Bereich, der sich in die christlichen Mythen über den Heiligen Brandan und den Heiligen Patrizius fortsetzen wird. Es kommt auch vor, daß die Heroen wertvolle Gegenstände aus der anderen Welt mit sich bringen wie etwa einen unerschöpflichen Fleischkessel.

Die skandinavische Unterwelt, so wie sie in den ältesten Sagas vorkommt, scheint schrecklicher als die der Kelten zu sein, aber man kann sie ebenfalls erreichen, wie es Heroen wie Hadingus oder Hermod getan haben, um bestimmte Menschen daraus zu befreien. Zur Initiationsreise gehört unter anderem die Überquerung eines Flusses und einer Brücke; der

Abstieg umfaßt neun unterirdische Ebenen, und die Unterwelt befindet sich in der Mitte der Erde. Es ist ein trister Aufenthalt dort, aber das ist das Los aller.

Diese erste Gruppe von Unterwelten gehört zu polytheistischen Gesellschaften, die ganz ihrer natürlichen Umwelt verhaftet sind und sich in einer stets vom Hunger bedrohten wirtschaftlichen Situation befinden. Gruppensolidarität ist hier eine unerläßliche Komponente um zu überleben; sie manifestiert sich in kollektiven Praktiken. Die Vorstellung eines individuellen Heils oder einer individuellen Verdammung ist auf diesem Organisationsgrad unbekannt. Das Geschick des einzelnen kann nicht von dem der ganzen Gemeinschaft getrennt sein. So kann auch das Überleben in einem Jenseits nicht anders als in kollektiver Weise vorgestellt werden, und die Idee einer Bestrafung hat in diesem Kontext keinen Sinn. Die Unterwelten sind also neutral. Die Gemeinschaft setzt ihre irdischen Beschäftigungen in einem in der Regel düsteren und tristen Milieu fort; das Los der Toten wird im allgemeinen eher pessimistisch betrachtet, ist aber ohne Qualen einer Bestrafung. Jene, die sich in diesem Leben außerhalb der Gemeinschaft gestellt haben, die dem Kollektiv nicht nützlich waren, die bei den Initiationsriten flohen, welche die Gruppenzusammengehörigkeit festigen, sind einem besonderen Geschick geweiht, indem sie den Schwierigkeiten auf dem Weg ins Totenreich zum Opfer fallen.

Erst in den großen orientalischen Kulturen mit ihren entwickelten und individualisierten ethischen Normen erscheint die Vorstellung von der Hölle als Ort des Leidens und der Strafe.

II. Die Höllen der großen altorientalischen Religionen

Die Hölle im Sinne eines Ortes, wo übernatürliche Mächte Qualen verhängen, um die Menschen nach dem Tode dafür zu bestrafen, daß Sie die Moralvorschriften überschritten haben, kommt in allen großen, differenzierten Religionen vor, die den Menschen ein Ideal zur Nachahmung anbieten. Nach dieser Konzeption ist die Hölle ein Prozeß der „Korrektur" für alle jene, die auf die eine oder andere Weise während ihres Lebens den Vorgaben nicht gefolgt sind. Es gibt fast immer eine Verbindung zwischen der Verfehlung, derer sie sich schuldig gemacht haben, und der Art der Bestrafung, der sie unterworfen werden und die sie umformen soll.

Ein essentieller Unterschied zu den Unterwelten für alle, die wir beschrieben haben, ist das Moment eines Gerichtes durch die Gottheiten. Während es also im ersten Fall das Individuum selbst ist, das sich ausschließt, wird hier sein Geschick von den Herren der Menschheit bestimmt, die beurteilen, inwieweit es sich dem jeweiligen Ideal angepaßt hat. Dieses Konzept entspricht größeren und differenzierteren Gesellschaften mit politischen und juristischen Systemen, die komplexer und zwingender sind und deren Funktionsweise ins Jenseits projiziert wird. Allgemein scheint die Vorstellung einer Verdammung nach dem Tode mit dem Auftreten des Konzepts eines Staates verbunden zu sein, das heißt also eines politisch organisierten Systems, wie es in der Frühzeit engst mit religiösen Vorstellungen verbunden war, die die politische Autorität ergänzen, durchsetzen und vollenden. Die Vergehen, Verbrechen gegen die Gesellschaft, werden zugleich auf Erden durch die Justiz des Herrschers sanktioniert und nach dem Tode gemäß derselben Kriterien durch die der Götter. Letztere vollendet erstere, denn nichts entgeht ihr.

Diese beiden Rechtssysteme sind ebenso komplementär in dem Sinne, daß die gesellschaftliche Ordnung von der kosmischen Ordnung nicht zu trennen ist: Gegen erstere zu verstoßen heißt zugleich, letztere zu stören; die Justiz der Gottheiten vollendet daher jene der Könige.

Die großen orientalischen Religionen haben im allgemeinen eine zyklische Konzeption von der kosmischen Zeit. Die Höllen sind infolgedessen nur zeitliche. Der Verdammte wird schließlich wieder in den großen Kreislauf der Reinkarnationen einbezogen, der ihm die Gelegenheit geben wird, ein dem Ideal besser entsprechendes Leben zu führen. Aber innerhalb dieses globalen Schemas erscheinen wichtige Unterschiede.

1. Die mesopotamischen Höllen

Unter den ältesten Texten der Weltliteratur, die über die Unterwelten handelt, befinden sich die akkadischen Tafeln des zweiten Jahrtausends vor Christus. Sie erzählen den Dialog zwischen dem Helden Gilgamesch und seinem Freund Enkidu, dessen Geist aus der Unterwelt befreit wird. Das Bild ist ein düsteres: Die Geister irren an einem dunklen und staubigen Ort umher. „Mein Leib, den du mit Freude berührst, wird vom Wurm wie ein altes Kleid aufgefressen. Mein Leib, den du mit Freude berührst, ist voller Staub", erklärt Enkidu. Auf den ersten Blick ist diese Unterwelt das gemeinsame Geschick aller Menschen wie in den vorhergehenden mündlichen Kulturen. Näher betrachtet ist aber festzustellen, daß bestimmte Geister unglücklicher als andere sind; diese „Edimmu", Vorläufer der Verdammten, sind Leute, die schon auf Erden von einem unglücklichen oder ungewöhnlichen Los getroffen wurden: Verunfallte, Kriegsopfer, jene, die keine Bestattung bekamen, jene, die keine Kinder haben, die sich um ihre Grabstätten kümmern, die Ertrunkenen, schwangere

Frauen, mannbare Töchter, die als Jungfrauen verstarben, Prostituierte, denen eine Krankheit den Tod brachte. Diese „Edimmu" werden nicht gequält, aber als verbitterte und frustrierte Geister gehen sie ganz in ihrem Gram auf und werden aggressiv und bösartig. Sie quälen einander und kommen sogar ab und zu auf die Erde, um das Leben der Lebenden zu vergiften. Sie sind also ihre eigenen Büttel in einer Hölle, die so bewacht ist, daß niemand entkommen kann. Es handelt sich schon um eine Bestrafung, denn die unglückliche Situation dieser Wesen auf Erden, die an Unfruchtbarkeit, Unfällen, Krankheit, Armut litten, war das Resultat einer immanenten Gerechtigkeit, Strafen, die von den Göttern wegen verborgener Übeltaten verhängt worden waren.

Die magischen Tafeln Akkadiens zeigen, daß jene, die von irgendeinem Unglück betroffen waren, Wahrsager aufsuchten, um den Grund ihres Mißgeschicks zu erfahren. Sie wurden also einer genauen Befragung unterzogen, deren Inhalt an die Beichthandbücher des Christentums erinnert. Dutzende von privaten Verfehlungen und von Verletzungen des öffentlichen Rechts werden aufgezählt, von denen einige mit den Vorschriften des berühmten Kodex des Hammurabi verglichen werden können, der ungefähr um 1750 vor Christus datiert: „Hat er aufsässige oder beleidigende Worte gesprochen? Hat er eine falsche Waage verwendet? Hat er unrechtes Geld genommen? Legales Geld nicht angenommen? Hat er den echten Grenzstein versetzt? Ist er in das Haus seines Nächsten eingedrungen? Hat er sich in Besitz der Frau seines Nächsten gesetzt? Hat er das Blut seines Nächsten vergossen? Hat er die Kleidung seines Nächsten gestohlen? Hat er vielleicht einem Menschen in seiner Not nicht geholfen? Hat er jemanden von seiner Familie fortgejagt? Hat er eine zusammenlebende Familie zerstreut? Hat er gegen eine Autorität revoltiert? Waren seine Worte richtig, aber sein Herz falsch? Ist er dem Bösen gefolgt? Hat er die Grenzen des Rechts überschritten? Hat er Unschönes getan?"

Hinter diesem Fragenkatalog steht die Idee, daß wer die

vom König festgelegte soziale Ordnung durchbricht, die göttliche Ordnung des Kosmos verletzt. Ihn trifft von diesem Leben an eine Strafe, deren Folge er bis nach seinem Tode tragen muß, indem ihm ein trauriges Schicksal bevorsteht. „Ich bin Sünder, und daher bin ich krank", heißt es in einem babylonischen Hymnus. Wenn der Wahrsager nicht die Tilgung der Verfehlungen erreicht, wird der Unglückliche „verdammt".

Akkadische und sumerische Mythen derselben Epoche legen auch dar, daß die Geister beim Tode ganz durchsichtig vor den Gottheiten erscheinen. So muß die sumerische Göttin Inhanna – Ischtar bei den Akkadern –, um die Unterwelt zu besuchen, wo ihre Schwester Ereschkigal regiert, sieben Tore durchschreiten, wo ihr jedesmal ein Kleidungsstück genommen wird. Sie kommt völlig nackt an. Was sie sieht, ist keineswegs erfreulich: „Der Staub ist ihr Los und der Ton ihre Nahrung, sie sehen kein Licht, wohnen im Dunklen; sie sind gekleidet wie die Vögel mit Federn als Gewand; Tor und Riegel sind von Staub bedeckt." Die geflügelten Geister ernähren sich von Schlamm. Es gibt keine Hoffnung auf Flucht: Sieben riesige Mauern umziehen die Unterwelt.

Die assyrische Epoche wird den erschreckenden Aspekt noch verstärken. In der Vision des Fürsten Kumma im 8. Jahrhundert vor Christus wird das Reich der Ereschkigal von monströsen, halb menschlichen und halb tierischen Gottheiten bevölkert. Die Verschlimmerung der Existenzbedingungen in der anderen Welt ist vielleicht mit der wachsenden Brutalität der Rechtspraxis und Kriegsführung in Verbindung zu bringen.

2. Die ägyptischen Unterwelten

Die ägyptische Mythologie gehört zu den reichsten des mittleren Orients. Die Kontinuität dieser Kultur über mehrere Jahrtausende, die Erhaltung Tausender von Texten und Malereien erlauben die Vorstellungen von der Unterwelt relativ präzise zu erfassen, und dies seit dem 3. Jahrtausend vor unserer Zeitrechnung.

Für die Ägypter war das Schicksal der Seele, die die Gestalt einer Art Doppelgängers eines jedes Menschen besaß, von großer Bedeutung. Nach dem Tode hat sie eine lange Reise durch fremde Regionen zu bewältigen, wofür die Landkarte bisweilen auf den Sarkophag aufgezeichnet wird. Dann kommt sie an den Ort ihres Gerichts, dessen genaues Ritual bisweilen auf Fresken dargestellt ist. Dies bedeutet schon eine klare Unterscheidung zwischen Gut und Böse, die jener der mesopotamischen Kulturen bemerkenswert nahesteht. Die Liste der bösen Taten, wie man sie im berühmten Totenbuch findet, das in die Sarkophage gelegt wurde, ist typisch für eine Gesellschaft, deren richtiges Funktionieren auf der Respektierung der Normen der Landwirtschaft und Bewässerung, der Eigentumsgrenzen, der Dienstleistungen sowie des Götter- und Totenkultes basiert.

„Ich habe keinen Betrug den Menschen gegenüber begangen. Ich habe nicht die Witwe gequält, ich habe nicht vor dem Gericht gelogen, ich kenne nicht böse Gesinnung. Ich habe keinem Vorarbeiter mehr Arbeit auferlegt, als er täglich zu leisten hatte. Ich war nicht unsorgfältig. Ich war nicht müßig. Ich habe kein Sakrileg begangen. Ich habe keinem Sklaven bei seinem Herrn geschadet. Ich habe niemanden hungern lassen. Ich habe niemanden weinen lassen. Ich habe nicht getötet. Ich habe weder Opferbinden noch Totenzehrung gestohlen. Ich habe mir kein Land angeeignet. Ich habe nicht die Milch vom Mund der Säuglinge geraubt. Ich habe keinen Kanal abgeschnitten." Was bedeutet die Verlesung dieses Textes durch den Verstorbenen vor den zweiundvierzig Richtern des Gerichts des Osiris, nachdem sein Herz von Anubis gewogen worden ist und das Resultat vom Tod verkündet wurde? Die Ägyptologen sind nicht einer Meinung. Es scheint immerhin wahrscheinlich, daß es sich um eine rituelle Reinigung handelte, eine Art Beschwörung sämtlicher Formen des Bösen.

Das Geschick der Toten, die zu sehr der Macht des Bösen

verfallen sind, ist der „zweite Tod". Die Verdammten werden tatsächlich „Tote" genannt, im Gegensatz zu den „Verwandelten", die das Reich des Osiris betreten. Wie sich dieser zweite Tod vollzieht, ist unklar. Bisweilen werden die Bösen dargestellt, wie sie sich in engen und finsteren Räumen drängen, wo unerträglicher Gestank herrscht. Sie essen ihre Exkremente und trinken ihren Urin, stöhnen und stehen auf dem Kopf, wie um auszudrücken, daß sie die kosmische Ordnung verkehrt haben. Öfter werden die Verdammten Foltern unterworfen, deren Ziel es ist, die Einheit der Person zu verformen und zu zerreißen, ja sie zu Nichts werden zu lassen: Enthauptung und Zerstückelung durch flammende Schwerter, die Teile werden in Kesseln gekocht, von feuerspeienden Schlangen verbrannt, in Feuersümpfe geworfen; andere werden von Ammit verschlungen, einem monströsen Tier mit Löwenkörper und Krokodilkopf. Man verbeißt sich in alle Elemente des Individuums: Körper, Schatten, Seele („Ba" oder geistiges Prinzip). Alle diese Schrecken spielen sich im „Land der Vernichtung" ab, unter der unterirdischen Welt.

Doch sind diese Qualen nicht ewig. Ihr Zweck ist es nicht, leiden zu lassen, sondern jene, die die Gewalten der Unordnung im Universum begünstigt haben, zu vernichten, also jene, die durch ihr Verhalten Maat, der sozialen und kosmischen Ordnung, Schaden zugefügt haben. Man hat freilich bisweilen den Eindruck, daß der Prozeß der Verformung ohne Ende ist, als ob das Böse unzerstörbar wäre. Bestimmte dieser ägyptischen Martern werden in die ersten christlichen Höllen aufgenommen werden, wo sie Ewigkeitscharakter annehmen.

3. *Die Unterwelten des Hinduismus*

Die indische Konzeption von der Unterwelt hat sich von der Vorstellung eines Aufenthaltsortes für alle zu jener eines Straforts moralischer Qualität verändert. In der vedischen Epoche im zweiten Jahrtausend vor unserer Zeitrechnung weilten die

Toten als triste Gespenster, Wesen, die keiner Empfindung mehr fähig sind, ohne Unterschied an einem unterirdischen Ort, „karta" (Schacht), „vavra" (Gefängnis), „parshana" (Abgrund). Eine erste Differenzierung erscheint im „Rig Veda" und im „Atharna Veda", wo alle jene, die nicht auserwählt sind, in das Königreich Yamas gelangen, des Herrn der Unterwelt, wo sich ihre Existenzweise verschlechtert. Es erscheint bereits der Ausdruck „naraka", Hölle im Sinne von Ort der Qualen.

Erst mit den brahmanischen Texten und dem Werk des Reformators Shankara im achten Jahrhundert vor Christus werden Paradies und Hölle klar einander entgegengestellt, was einer Trennung von Erwählten und Verdammten entspricht. Die Schwierigkeit entsteht hier durch die Betonung der Wiedergeburt („Samsara"), der Wanderung der Seele von einem Körper in einen anderen, solange sie nicht das Nirwana, den Zustand endgültiger Glückseligkeit, erreicht hat. Man darf von der hinduistischen Jenseitslehre keine strenge Logik erwarten, handelt es sich doch um eine anpassungsfähige Religion, die aus widersprüchlichen Mythen zusammengesetzt ist und keine Dogmen, kein festes Lehrgebäude, kennt. So kommt es also zu der doppelten Konzeption von Hölle und Seelenwanderung, wobei aber ihre Bedeutung die gleiche ist.

Der Böse, das ist jener, der sich der Gier eines individuellen Lebens hingibt, der Ruhm und Reichtum auf Erden sucht, persönliche Verwirklichung, der sich egoistisch in sein Ich einschließt, eine Schimäre verfolgt, sich in Lebensgier verbeißt, obwohl das Leben Unglück und Täuschung ist. So ein Mensch wird in einem niedrigen Lebewesen reinkarniert, das noch fleischlicher und materieller ist. Oder er muß vielleicht noch vor seiner Reinkarnation in die Hölle, außer es ist sein Doppelgänger, ein trauriger Schatten, „preta" genannt (das heißt: Körper der Qualen), der in Windeseile in das Reich Yamas hinabsteigt. Auf der großen Reise muß er Sümpfe, Wüsten, den Fluß Vaitarane überqueren, der Blut, Eiter und Urin führt. Dann wird der Gott Citragupta das Buch seiner guten und bösen Taten lesen, und wenn letztere überwiegen, kommt er in die „naraka" genannte Hölle. Dort muß er Martern erdulden, die seinen persönlichen Verfehlungen angemessen sind und sich nach deren Schwere richten. Diese persönlichen Torturen sind von außergewöhnlicher Vielfalt und unglaublichem Raffinement: zerstückelt, zerschnitten, zermalmt, gevierteilt, durchbohrt, verschlungen, verbrannt, vereist wird der Unglückliche schließlich reinkarniert. Die Hölle ist nach bestimmten Texten in Abermillionen spezialisierter Abteilungen gegliedert. Nach den „Puranas", Versdichtungen aus der Mitte des 1. nachchristlichen Jahrtausends, gibt es sieben Haupthöllen, eine tiefer als die andere, die in Unterhöllen gegliedert sind. Eine von ihnen z. B., genannt Asipattravana (Wald der Schwertblätter), besteht in einem Wald, dessen Bäume stählerne Klingen als Blätter haben. Sie fallen auf den Verdammten und bringen ihm viele Einschnitte bei. Er stolpert über brennende Asche und wird von wilden Hunden zerrissen. Diese Martern, für die der Verdammte selbst verantwortlich ist, haben aber ein Ende. Stets verbleibt in ihm ein Element des göttlichen Karma, das ihm in einem neuen Leben helfen kann, seine Lebensgier zu bekämpfen.

Die großen fernöstlichen Religionen haben dieses allgemeine Schema mit Unterschieden angenommen. Der Buddhismus, dessen Hölle achtzehn Bereiche der Hitze und der Kälte unterscheidet; die chinesischen Religionen, die neun Höllen zählen; auch in Japan findet sich die Konsultierung des Buches, in dem die bösen Taten verzeichnet sind, und die Seelenwaage. Die Verdammten töten einander gegenseitig, sie werden zerschlagen, verschlungen und ertränkt. Abgesehen von diesen pittoresken Details volksläufigen Ursprungs, haben alle diese Höllen dieselbe Bedeutung: Wer das Böse wählt, zerstört die göttliche Ordnung des Kosmos. Er bereitet sich selbst ein chaotisches Jenseits voller Leiden. Denn das Grundübel ist die Unordnung, und Unordnung bedeutet Leiden. Das ist es, was Laotse ungefähr sechshundert vor Christus nüchtern erklärte: „Wer sich mit der Tugend vereint, den empfängt die Tugend, wer sich mit dem Bösen vereint, den empfängt das Böse."

4. Die Höllen im Mazdaismus

Die Religionen des alten Iran sind tief von einer dualistischen Weltsicht geprägt, nach der sich die Mächte des Guten und des Bösen gegenüberstehen. Nach Glaubensvorstellungen, die man bis ins siebte Jahrhundert vor Christus zurückverfolgen kann, vollbringt die Seele nach dem Tode die gewöhnliche Reise, die man in fast allen Religionen findet: eine Reise, die durch die Himmelssphären des Mondes und der Sonne führt, oder eine eher irdische Reise unter der Führung eines jungen Mädchens und zweier Hunde. Die Seele kommt dann zu einer Brücke, auf deren anderer Seite sich das Reich Ahura Mazdas befindet, die himmlische Welt. Diese Brücke besteht aus einem Schwert, das der Gerechte auf der breiten Seite überqueren kann, wogegen der Sünder auf der Schneide hinübergehen muß. Daher sagt einer der heiligen Texte: „Der Weg wird ihm abgeschnitten, und die Seele stürzt kopfüber von der Höhe der Brücke in die Hölle, wo sie alle erdenklichen Qualen erleidet."

Hier also gibt es bereits die Trennung zwischen den Guten und den Bösen. Dieser Aspekt wurde von einem der großen religiösen Reformatoren der Menschheit, einem Priester des siebten Jahrhunderts vor Christus, über den man wenig weiß, Zoroaster oder Zarathustra, betont. Seine Lehre, der Mazdaismus, ist in den Texten des „Avesta" enthalten. Ihre großen Züge sind sehr deutlich, wenn ihm auch nicht alles mit Gewißheit zugeschrieben werden kann. Das Geschick des Menschen nach dem Tode hängt davon ab, wie er sich im Leben entschieden hat. Die Seele, ein geistiges Prinzip, aber fähig der Empfindungen und Ortsveränderungen, wird vom Körper getrennt. Am vierten Tage begibt sie sich zum Platz des Gerichtes, das von drei Gottheiten, Mihr, Rashu und Srosh, vollzogen wird. Dorthin wird sie von guten Geistern und von Dämonen begleitet. Die Taten der Seele werden auf einer goldenen Waage gewogen, dann muß sie die Brücke der Vergeltung betreten. Bei einer bösen Seele, die während ihres Lebens den Gott des Übels, Angra Mainyu, bevorzugt hat, zieht die Brücke sich zusammen, und sie stürzt in die Hölle.

Die „gathas" oder Lieder des Zarathustra geben keine genaue Information über ihr Schicksal: „Langdauernde Dunkelheit, schlechte Nahrung, Verzweiflungsschreie, das wird das Leben sein, das eure eigenen Taten, wenn sie wider den Glauben sind, euch verdienen werden." Aber spätere Texte bringen weitere Details und Varianten: Für die einen gibt es drei spezialisierte Höllenbereiche, einen für die bösen Gedanken, einen für die bösen Worte, einen für die bösen Taten, und darunter die „unendlichen Dunkelheiten" für jene, die vollkommen böse waren. Für die anderen entsprechen die verschiedenen Bereiche der Schwere ihrer Verfehlungen: Auf der oberen Ebene, im „Hamestagan" der Ungerechten, wo sich die nicht allzu bösen befinden, leidet man nur an Hitze und Kälte, wie sie die Luftströmungen mit sich bringen. Auf den unteren Ebenen ist man in Finsternis und Eiseskälte begraben, ernährt sich von verfaulendem Blut, von Erbrochenem, von Fleisch, das mit Würmern übersät ist, und wird von Dämonen gefoltert, die die während des Lebens begangenen Sünden verkörpern.

Leiden ohne Ende, denn drei Tage scheinen neuntausend Jahre lang zu sein – aber sie werden ein Ende finden, wenn der Erlöser kommt, der „Lebende", der, von einer Jungfrau geboren, die Welt durch Feuer vom Bösen reinigen wird. Diese Vorstellung wird sich im zweiten Jahrhundert vor Christus zur Zeit der Parther zur Verkündigung der Ankunft Mithras weiterentwickeln, der am 25. Dezember in einer Höhle von einer Jungfrau geboren werden wird. Er wird den endgültigen Triumph des Guten bringen, den Sieg von Ahura Mazda.

Dies ist ein Konzept, das weitgehende jenem ähnelt, das in derselben Epoche in der jüdischen Religion deutlich wird und das einer fortschreitenden Verfeinerung des moralischen Bewußtseins und einer Spiritualisierung der Kulte des mittleren Ostens entspricht. Aber eine andere Tradition, die der griechisch-römischen Welt, läßt zwei Arten verschiedener Unterwelten erscheinen, die der eigenen Mentalität und der Eigentümlichkeit des Westens entsprechen: eine Unterwelt, die aus der dichterischen Tradition Homers geboren ist, und eine Unterwelt, geboren aus abstrakter, rationaler, philosophischer Spekulation. Es ist das Zusammentreffen der Unterwelten des mittleren Ostens mit jenen der griechisch-römischen Kultur, woraus die christliche Hölle entstehen wird.

III. Die Unterwelten des klassischen Altertums

Es war in Griechenland, der Wiege der westlichen Kultur, daß die klassischen Züge der infernalen Welt feste Konturen annahmen. Zunächst unter einer poetischen, sehr bildreichen Form bei Hesiod und Homer, dann in der philosophischen Reflexion über das Böse und seine Bestrafung. Poetisch oder philosophisch, die griechischen Unterwelten sind alles in allem sehr wenig religiös; es handelt sich vielmehr um sehr menschliche Antworten auf das Problem des Bösen. Alle möglichen weiteren Höllenkonzeptionen sind bereits in ihnen enthalten oder bilden ihre Grundlage, die modernsten wie die existentialistische Hölle inbegriffen. Alle Lösungsmöglichkeiten sind praktisch schon nach moralischen, juridischen, poetischen und philosophischen Gesichtspunkten bedacht. Diese Unterwelten stehen mehr als die vorhergehenden in enger Beziehung zu sozialen und politischen Gedanken, und in diesem Sinn sind sie viel menschlicher. Die Erbauer der griechischrömischen Höllen sind in ihrer Art vor allem Gesetzgeber und Soziologen auf der Suche nach der idealen Gesellschaft. Es war daher für sie nötig, eine Lösung für das Problem des Bösen zu finden.

1. Die griechischen Unterwelten: Dichter und Philosophen

Die griechische Mythologie ist sehr reich, was dieses Thema betrifft. Die ältesten Werke, die des Hesiod und des Homer, die man etwa ins achte Jahrhundert vor Christus datieren kann, sprechen viel über die Unterwelt, einen Ort, der oft von

Göttern und Heroen besucht wird. Der hierher verbannte Theseus wird von Herakles aus ihr befreit. Dionysos stieg dort hinab, um seine Mutter Senele zu befreien; Orpheus gelang es beinahe, Euridike die Rückkehr zu ermöglichen, so wie Alkest dank der Hilfe Admets von dort entfliehen konnte und wie Teiresias, Achilles und Odysseus diese Stätten besuchten.

Diese sehr vertrauten Unterwelten, die man mit irritierender Leichtigkeit betritt oder verläßt – waren sie für Götter und Heroen reserviert oder betrafen sie auch die Menschen? Die „Theogonie", die „Ilias" und die „Odyssee" sprechen nicht eindeutig darüber. Auf den ersten Blick scheinen die „Verdammten" vor allem die Opfer der Rache des Zeus zu sein, der jene dorthin sendet, die sich seinen Plänen widersetzen. Als Odysseus in der „Odyssee" die Unterwelt besucht, schaut er die Strafen einiger berühmter Heroen:

„Auch den Tityos sah ich, den Sohn der gepriesenen Erde. Dieser lag auf dem Boden und maß neun Hufen an Länge; und zwei Geier saßen ihm links und rechts und zerhackten unter der Haut ihm die Leber; vergebens scheuchte der Frevler, weil er Leto entehrt', Zeus' heilige Lagergenossin, als sie gen Pytho ging durch Panopeus' liebliche Fluren.

Auch den Tantalos sah ich mit schweren Qualen belastet. Mitten im Teiche stand er, das Kinn von der Welle bespült, lechzte hinab vor Durst und konnte zum Trinken nicht kommen. Denn sooft sich der Greis hinbückte, die Zunge zu kühlen, schwand das versiegende Wasser hinweg, und rings um die Füße zeigte sich schwarzer Sand, getrocknet vom feindlichen Dämon. Fruchtbare Bäume neigten um seinen Scheitel die Zweige, ... aber sobald sich der Greis aufreckte, die Früchte zu pflücken, wirbelte plötzlich der Sturm sie empor zu den schattigen Wolken.

Auch den Sisyphos sah ich, von schrecklicher Mühe gefoltert, einen schweren Marmor mit großer Gewalt fortheben. Angestemmt arbeitet' er stark mit Händen und Füßen, ihn von der Au aufwälzend zum Berge. Doch glaubt er ihn jetzo auf den Gipfel zu drehen, da mit einmal stürzte die Last um. Hurtig mit Donnergepolter entrollte der tückische Marmor. Und von vorn arbeitet' er, angestemmt, daß der Angstschweiß seinen Gliedern entfloß und Staub sein Antlitz umwölkte." (Odyssee XI, 576ff. übersetzt von J. H. Voss).

Es scheint allerdings, daß die Unterwelt das gemeinsame Ziel aller Menschen darstellt. Nach den Forschungen von Victor Bérard dürfte der zitierte Abschnitt ein späterer Einschub sein, wogegen der ursprüngliche homerische Text sehr wenig über die Existenz von Strafen aussagte. Aber jedenfalls ist die Vorstellung von diesem Totenreich sehr pessimistisch und manifestiert eine deutliche Furcht der archaischen Gesellschaft Griechenlands, die das Erdenleben unter der Sonne preist: „Dem Hades wurden die nebligen Finsternisse zuteil, dem Zeus der weite Himmel", wie es in der „Ilias" heißt. Der Eingang in diese düstere unterirdische Welt liegt am Rande der Erde gegen Sonnenuntergang, und er erweckt Furcht: „hassenswert wie die Pforten des Hades", sagt Odysseus, so wie Achilles erklärt: „das hasse ich wie die Pforten des Hades", und an anderer Stelle: „Lieber möchte ich der Sklave eines armen Ochsentreibers sein, als über die ganze Schar der Schatten zu herrschen." Trotzdem ist das Schicksal derer, die nicht bestatten worden sind wie etwa Patroklos und die nicht in die Unterwelt eingelassen werden, noch schlimmer: Ohne Zuflucht irren sie beim Eingang umher.

Die Unterwelt ist eine abgeschlossene Welt, nach Hesiod ähnelt sie einem riesigen Krug oder einer Höhle. Der Okeanosstrom trennt sie mit seinen Zuflüssen Styx, Kokytos und Acheron von der Welt der Lebenden. Die Atmosphäre ist feucht und modrig. Die Guten und die Bösen haben nicht das gleiche Geschick. Zwei Richter, beide bekannt für ihre Gerechtigkeit und ihre Weisheit, der kretische Heros Rhadamantes und sein Bruder Minos, trennen sie. Die Guten erfrischen sich auf der Asphodeloswiese oder der Ebene des Elysions, aber man weiß nicht, nach welchen Kriterien sie beurteilt werden. Bei diesem Stand der Dinge ist nur der Aufenthalt im Tartaros, dem unter dem Hades gelegenen Gefängnis der Titanen, endgültig. Schließlich ein Zug, der Mißtrauen diesem Jenseits gegenüber erfordert: Die Seelen der Toten sind gefährlich. Odysseus macht diese Erfahrung und muß die Flucht ergreifen:

„Und aus dem Erebos kamen viele Seelen herauf der abgeschiedenen Toten. Jüngling' und Bräute kamen und kummerbeladene Greise und aufblühende Mädchen im jungen Grame verloren. Viele kamen auch von ehernen Lanzen verwundet, kriegerschlagene Männer mit blutbesudelter Rüstung. Dicht umdrängten sie alle von allen Seiten die Grube mit grauenvollem Geschrei; und bleiches Entsetzen ergriff mich." (Odyssee 11, 36ff. übersetzt von J. H. Voss)

Wir treffen hier durcheinander Wesen, die auf Erden sehr verschiedene Geschicke gehabt haben und die, ohne getrennt zu werden, gemeinsam versammelt sind. Offensichtlich sind sie mit ihrem Schicksal unzufrieden; eine Vorstellung, die der der mesopotamischen Unterwelt ähnlich zu sein scheint.

Diese erste dichterische und unscharfe Unterweltsvorstellung wird im klassischen Griechenland des sechsten bis vierten vorchristlichen Jahrhunderts Quelle vielfacher Reflexionen sein. Einerseits inspirierte der pittoreske Aspekt Dichter, Dramatiker und Moralisten, die die Idee eines Gerichtes nach dem Tode entwickelten. Für Aischylos bestraft Zeus „die Toten nach den Verbrechen, die sie begangen haben". Pindar, Sophokles und Aristophanes teilen diese Ansicht.

Die Philosophen sind kritischer. Das erste Mal beginnen Intellektuelle damit, rational über das Problem des moralisch Bösen nachzudenken, über seinen Ursprung und seine eventuelle Bestrafung im Jenseits. Ihre Schlußfolgerungen sind sehr reserviert. Die meisten von ihnen bringen der Höllenvorstellung sehr große Skepsis entgegen. Für Heraklit trägt das Übel zur kosmischen Harmonie bei; für Leukipp und Demokrit hängt es vom Zufall ab und kann nicht Objekt von Strafen werden; genausowenig wie für Pythagoras. Für Sokrates ist das Böse Folge der Unwissenheit und seine eigene

Strafe. Aristoteles ist radikaler: Da der Tod des Individuums ein vollkommener ist, ist auch die Existenz einer Hölle im Jenseits ausgeschlossen. Es ist in diesem Leben, daß der Mensch sein Unglück schafft, indem er sich an falschen Werten orientiert. Nach Epikur interessieren sich die Götter nicht für die Taten der Menschen; deshalb gibt es kein Gericht. Das gleiche gilt für die Stoiker, von denen manche wie Seneca meinen, daß die Toten in denselben Zustand versetzt werden wie die, die noch nicht geboren sind – also das Nichts. Für Cicero gehören die Höllenvorstellungen zu den Fabeln der Dichter; die einzige Alternative ist die zwischen einer glücklichen Ewigkeit und dem Nichts.

Von den griechischen und römischen Intellektuellen wird die Hölle also meistenteils abgelehnt, für sie ist die Vorstellung von Göttern, die die Taten der Menschen beurteilen, unpassend. Für viele von ihnen kümmern sich die Götter nicht um die Menschen, wenn sie überhaupt existieren. Die göttliche Welt ist völlig indifferent der menschlichen gegenüber. Falls es eine Hölle gibt, dann sind es die Menschen selbst, die sie auf Erden errichten und die sich durch ihre eigene Blindheit dazu verdammen, indem sie Phantasiegebilden nachstreben. Seit dem fünften Jahrhundert vor Christus existierten also gleichzeitig drei Unterweltsvorstellungen in der griechisch-römischen Kultur: die existenzielle Hölle, die man auf Erden lebt: das ist die des Lukrez. Die philosophische Hölle, eine Konstruktion, die logischerweise für das richtige Funktionieren des Staates notwendig ist und Folge der Existenz eines Gottes, der zugleich das absolut Gute verkörpert: das ist die Platons. Eine volkstümliche Hölle, Projektion des Wunsches nach Gerechtigkeit und Vergeltung, wo die Bösen Opfer pittoresker Strafen werden: das ist die des Vergil.

2. *Die existenzielle Hölle des Lukrez*

Der Dichter, Philosoph und Gelehrte Lukrez (ca. 100 bis 55 vor Christus) hat ein großes Lehrgedicht in sechs Büchern hinterlassen, „De natura rerum" (Über die Natur der Dinge), das einen Kommentar zum Denken Epikurs darstellt. Man trifft hier eine außerordentlich moderne, jedoch sehr wenig verbreitete Konzeption der Hölle, eine Konzeption, die auf eine intellektuelle Elite beschränkt blieb, deren Vertreter man aber bis ins zwanzigste Jahrhundert findet.

Die von einem pessimistischen Humanismus tief geprägten Überlegungen des Lukrez zeigen einen Mann, der sich der großen Einsamkeit des denkenden Wesens bewußt ist: Es gibt nichts vom Jenseits zu erwarten, das die Frucht der Imagination der Dichter darstellt. Der Tod ist das einzige Ende; er ist vollständig und endgültig. Eine übernatürliche Hölle muß man keineswegs befürchten: „Man muß mit Macht die Sorge vor dem Acharon hinwegstoßen, jene, welche von Grund auf das Leben der Menschen trübt und alles mit Todesfarbe beschwärzt..." (III, 37ff.) Die Höllenmythen sind Schöpfungen der Religionen, die eine unberechtigte Furcht aufrechterhalten. Aber es gibt eine wirkliche Hölle, eine ganz reale, und das ist die mit der Existenz an sich verbundene Angst. Zu Leben bedeutet Furcht zu haben: Furcht vor dem Tode, vor dem Leid, vor der Krankheit, vor der Strafe, vor den Göttern, vor den Gewissensqualen. Diese Furcht vor wirklichen oder vorgestellten Übeln ist vom Leben nicht zu trennen; sie ist vielmehr mit dem Wunsch zu leben verbunden, und diese unaufhörliche Spannung zwischen der Bestätigung des Ichs und seinen Sorgen, das ist existentielle Angst, das ist die Hölle: „Jeder versucht, vor sich selbst zu fliehen, offensichtlich ohne es zu können, sich zu entkommen, doch bleibt er an sich selbst gefesselt, ob er will oder nicht, und beginnt sich zu hassen." Das Ende ist der Tod: Angeblich begeht Lukrez mit fünfundfünfzig Jahren Selbstmord.

In einem brillanten Abschnitt seines Epos versetzt Lukrez

die Höllenmythen in das irdische Leben und stattet sie so mit einem treffenden allegorischen Gewicht aus:

„Was von den Seelen man sagt, die tief sich im Acheron fänden, das ist alles bei uns im gegenwärtigen Leben. Tantalus fürchtet nicht, wie es heißt, den drohenden Felsen, aufgehängt in der Luft, mit eitlem, starrendem Beben: sondern im Leben vielmehr drückt nichtige Furcht vor den Göttern nieder die Menschen; sie schrecket der Fall, der treffen sie könnte. Tityos, ausgestreckt am Acheron, graben die Geier nicht in das Fleisch: was sollten fürwahr auch immer sie finden unter der mächtigen Brust, um ewige Zeiten zu wühlen, wenn er auch schon da liegt mit ungeheurem Körper, daß die zerstreuten Glieder nicht nur neun Hufen bedeckten, sondern der Erde sämtlichen Kreis: doch kann er nicht endlos ewige Schmerzen erdulden: noch, könnt' er es, immer die Äsung seines eigenen Leibes darreichen den gierigen Vögeln. Der ist Tityos uns, den siech die Liebe dahinwirft und ihr Geier zerhackt; den bängliche Kümmernis ausfrißt oder die schändliche Gier das Herz zerschneidet mit Sorge. Auch ist Sisyphos uns beständig im Leben vor Augen: er ist's, der sich im Sinn festsetzt, das Beil und die Bündel[1] sich zu erstreben vom Volk, doch immer zurückgewiesen, traurig kehret davon. Denn stets zu begehren die Herrschaft, welche man nicht erhält, und stets zu verfehlen den Endzweck, immer jedoch die drükkende Last von diesem zu tragen: heißt das nicht bergan den Fels mit strebender Arbeit wälzen, welcher jedoch, sobald er den Gipfel erreicht hat, wieder zurückrollt, die Fläche der Ebene suchend? Endlich, die undankbare Natur des Gemütes zu nähren, nie des Guten genug, sich nimmer ersättigen lassen – wie wir bei dem Genusse der zirkelnden Zeiten des Jahres, die uns Geburten mancherlei Art und Ergötzungen reichen, doch hinlänglich uns nie an des Lebens Gütern ergnügen –, ist das nicht, wie mich dünkt, die Geschichte der blühenden Jungfrauen, die stets schöpfen das Naß in einen

[1] Die Amtsinsignien der höheren römischen Beamten.

durchstoßenen Eimer, welchen zu füllen jedoch jedwede Bemühung umsonst ist? Zerberus nun und die Furien noch und des Tartaros Nächte, der aus scheußlichem Schlund ausstößt den schrecklichen Glutbrand: diese Dinge sind nie gewesen und können auch nie sein. Aber im Leben schon ist der Strafen greuliches Schrecknis für die greuliche Tat: da sind, zur Büßung des Frevels, Kerker, der gräßliche Sturz vom Felsen hinab und des Henkers Ruten, Folter und Pech und glühendes Eisen und Fackeln. Und sind diese nicht da, so braucht das schuld'ge Gewissen schon vorfürchtend den Stachel und gibt sich die brennende Geissel: siehet dabei das Ende noch nicht, das den Übeln bevorstehen könnte, noch wo die Strafe zuletzt aufhören noch werde; fürchtet vielmehr, daß im Tode vielleicht sie noch schwerer erwachse: so ist das Leben der Toren das wahr Leben im Orcus." (III, 981ff., übersetzt von K.V. Knebel)

3. Die philosophische Hölle Platos

Im Gegensatz zu dieser rein psychologischen Konzeption der Hölle entwickelt Plato eine politische und soziale. Seine Hauptinteressen scheinen in der Tat eher die eines Gesetzgebers zu sein als die eines Moralisten oder Theologen. Seine Vorstellung ist sehr juristisch und legalistisch. Andererseits ist sie nicht sehr zusammenhängend, und gravierende Differenzen existieren zwischen den Darlegungen im „Phaidon", im „Staat", und im „Gorgias", jenen drei Dialogen, in denen ausführlich von der Hölle die Rede ist. Eines ist gewiß: Auf den Tod folgt ein Gericht, demgemäß die Guten von den Bösen getrennt werden. Das weitere Schicksal letzterer wird unterschiedlich gegeben. Nach dem „Phaidon" werden zwei Kategorien gebildet, die Unverbesserlichen und die anderen:

„Deren Zustand aber für unheilbar erkannt wird wegen der Größe ihrer Vergehen, weil sie häufigen und bedeutenden Raub an den Heiligtümern begangen oder viele ungerechte und gesetzwidrige Mordtaten vollbrachten oder anderes, was dem verwandt ist, wirft diese ihr gebührendes Geschick in den Tartaros, aus dem sie nie wieder heraussteigen. Die hingegen heilbare zwar, aber doch großen Vergehungen begangen zu haben erfunden werden, wie die gegen Vater und Mutter im Zorn etwas Gewalttätiges ausgeübt, oder die auf diese oder andere Weise Mörder geworden sind, diese müssen zwar auch in den Tartaros stürzen, aber wenn sie hineingestürzt und ein Jahr darin gewesen sind, wirft die Welle sie wieder aus ... so schreien sie da und rufen die, welche von ihnen getötet worden sind oder frevelhaft behandelt. Haben sie sie nun herbeigerufen, so flehen sie und bitten, sie möchten sie in den See aussteigen lassen und sie dort aufnehmen. Wenn sie sie nun überreden, so steigen sie aus, und ihre Übel sind am Ende; wo nicht, so werden sie wieder in den Tartaros getrieben und aus diesem wieder in die Flüsse, und so hört es nicht auf ihnen zu ergehen, bis sie diejenigen überreden, welchen sie Unrecht getan haben; denn diese Strafe ist ihnen von den Richtern angeordnet." (113e ff., übersetzt von F. Schleiermacher)

Aber auch eine dritte Möglichkeit wird in diesem Dialog ins Auge gefaßt: Die Seelen jener, die während ihres Lebens Sklaven ihrer körperlichen Lüste waren, werden dazu verdammt, auf Erden umherzuirren. Von ihrer materiellen Komponente in die Tiefe gezogen, reinkarnieren sie sich schließlich in einem Tier, das ihr Hauptlaster repräsentiert.

Im „Gorgias" findet sich die Unterscheidung zwischen den Unverbesserlichen und den anderen wieder. Alle werden Leiden unterworfen, aber sie haben nicht das gleiche Ziel: für die einen sind sie heilsam, erlösend, reinigend und also nur zeitlich; für die anderen, die Unverbesserlichen, haben sie den Wert eines Beispiels. Sie können sie nicht mehr retten, denn sie haben zu furchtbare Vergehen begangen, aber ihre Qualen dienen dazu, den Menschen zu zeigen, was sie erwartet, wenn sie Böses tun:

„Dies aber kommt jedem in Strafe Verfallenen zu, der von einem anderen auf die rechte Art bestraft wird, daß er entweder selber besser wird und Vorteil davon hat, oder daß er den Übrigen zum Beispiel gereicht, damit andere, welche ihn leiden sehen, was er leidet, aus Furcht besser werden. Es sind aber die, welchen selbst zum Vorteil gereicht, daß sie von Göttern und Menschen gestraft werden, diejenigen, welche sich durch heilbare Vergehen vergangen haben. Dennoch aber erlangen sie diesen Vorteil nur durch Schmerz und Pein sowohl hier als in der Unterwelt, denn auf andere Weise ist es nicht möglich, von der Ungerechtigkeit entledigt zu werden. Welche aber auf das äußerste gefrevelt haben und durch solche Frevel unheilbar geworden sind, aus diesen werden die Beispiele aufgestellt, und sie selbst haben davon keinen Nutzen mehr, da sie unheilbar sind. Anderen aber ist es nützlich, welche sehen, wie diese um ihrer Vergehen willen die ärgsten, schmerzhaftesten und furchtbarsten Übel erdulden auf ewige Zeit, offenbar als Beispiele aufgestellt dort in der Unterwelt, im Gefängnis, allen Frevlern, wie sie ankommen, zur Schau und Warnung." (525 bc, übersetzt von F. Schleiermacher)

Die politische Absicht ist hier deutlich. In der Tat sind diese Unverbesserlichen, diese grundschlechten und schadenbringenden Wesen die Politiker, Könige, Tyrannen; im „Phaidon" sind es jene, die gesellschaftliche Unruhe verursacht haben. Nach dem „Staat" sind die schwersten Verbrechen die, die den Tod einer großen Zahl von Menschen verursacht haben, oder die Landesverräter, die Verräter des Heeres und jene, die ihre Mitbürger in Sklaverei gestürzt haben. Ihnen wird jede Ungerechtigkeit mit hundert Jahren der Qual vergolten. In diesem Dialog greift Plato auf einen Mythos zurück, den des Er, der in die Hölle hinabgestiegen ist, wiederbelebt wurde und erzählte, was er schaute. Dabei schreckt er nicht vor Entlehnungen aus den volkstümlichen Mythen zurück, um zu beschreiben, wie die Dämonen mit den Verdammten umgehen:

„Sie banden Hände und Füße und Kopf zusammen, warfen sie nieder und, nachdem sie sie mit Schlägen zugedeckt, zogen sie sie seitwärts vom Wege ab, wo sie sie mit Dornen schabten und den Vorbeigehenden jedesmal andeuteten, weshalb diese solches litten und daß sie abgeführt würden, um in den Tartaros geworfen zu werden." (616a, übersetzt von F. Schleiermacher)

Im „Staat" allerdings gibt es keine ewigen Strafen: Am Ende einer Periode von tausend Jahren werden die Seelen reinkarniert. Es ist einigermaßen schwierig, festzustellen, inwieweit Plato an diese Hölle geglaubt hat und inwieweit er sie bewußt konstruierte, um seine utopische Gesetzgebung mit übernatürlichen Sanktionen abzusichern. Im „Gorgias" stellt er eine wenig klare Unterscheidung zwischen Fabel und Geschichte auf. Sokrates wendet sich an Kallikles: „Höre also, wie man sagt, eine schöne Geschichte. Ich bin überzeugt, daß du meinen wirst, es handle sich um eine Fabel, aber meiner Meinung nach ist es eine Geschichte. Denn als volle Wahrheit sage ich dir, was ich sagen werde." (523a) Und etwas weiter geht Sokrates neuerlich auf die Skepsis seines Gesprächspartners ein: „Vielleicht hältst du alles, was ich sage, nur für eine Fabel, wie eine alte Frau eine erzählen würde, und du achtest es nicht wert", und weiter: „Gib mir also Gehör und folge mir dahin, wo angelangt du gewiß glückselig sein wirst im Leben und im Tode, wie unsere Rede verheißt, und laß dann immer einen dich verachten als unverständig und dich beschimpfen, wenn er will... Zum Führer also laß uns diese Rede gebrauchen, welche uns jetzt klar geworden ist..." (527c ff.).

Es ist sehr wahrscheinlich, daß dies die Zweifel Platons selbst sind. In diesem Falle gehört seine Hölle zu den bewußten Entwürfen von Mythen, die dazu dienen sollten, ein sozialpolitisches Projekt zu unterstützen. Auch wenn er im „Phaidon" eine unerschöpfliche Beschreibung der höllischen Gewässer ausbreitet und ausführlich die genaue Topographie der unterirdischen Orte beschreibt, fällt es schwer, daran zu glauben, daß dies in einer Epoche, wo die Mehrheit der philosophischen Strömungen sehr deutliche Reserven gegenüber diesem Thema formulierte, ernst gemeint wäre.

Platons neuplatonische Fortsetzer allerdings nehmen seine Aussagen auf. Im dritten Jahrhundert entwickelt Plotin eine mehr spiritualisierte Konzeption, die in etwa an die hinduistischen Unterwelten erinnert. Für ihn korrespondiert die Hölle mit der Situation der in die Materie eingeschlossenen Seele. Die Hölle, „das ist dann, wenn die Seele in den Leib eingeschlossen wird, in die Materie eintaucht und sich damit füllt. Dann, wenn sie den Körper verlassen hat, neuerlich in denselben Schlamm zurückfällt, bis sie ihre Rückkehr zur intelligiblen Welt schafft und ihre Blicke von diesem Schlammloch abwenden kann. Das ist ihr wahrer Tod. Solange sie hier verbleibt, so lange ist sie in die Unterwelt hinabgestiegen und im Schlafe, wie man sagt." (Enneaden IV, 1, 8)

Für Plotin gibt es in Wirklichkeit drei einander ergänzender Höllen: eine, die von der den Vergehen immanenten Bestrafung geschaffen wird, die uns hier Schwierigkeiten bereiten; eine, die aus unserer Reinkarnation in niederen Lebewesen besteht; und eine, die von den Dämonen für die schlimmsten Verbrechen verhängt wird.

4. Die poetisch-volkstümliche Unterwelt Vergils

Die „Aeneis" ist der erste große „Reiseführer" der Unterwelt und wird über viele Jahrhunderte das diesbezügliche Nachschlagewerk bleiben, so daß sogar Dante Vergil zum Führer für seine große Reise wählen wird. Erinnern wir uns an den Zusammenhang der Erzählung: Um seinen Vater Anchises besuchen zu können, erbittet Aeneas von der Sibylle die Erlaubnis, in die Unterwelt hinabsteigen zu dürfen. Dies wird ihm unter der Bedingung, gewisse Sühneriten auszuführen, gestattet. Die Reise ist gefahrvoll, und sie ist zugleich symbolisch und voller konkreter Bilder, was zu ihrer literarischen Qualität beiträgt und dazu führen wird, aus diesem Buch ein des öfteren nachgeahmtes Modell für ein literarisches Genus zu machen.

Der Eingang zur Unterwelt hat einen geographischen Ort: Es ist der Acheron-Sumpf bei Cannae in der Campangna. Die vulkanische Aktivität in diesem Gebiet und die triste Landschaft, die daraus entstand, haben ihr einen bestimmten Ruf gegeben: Lange Zeit lokalisiert man die Mündung der Hölle zwischen Vesuv und Äetna in der Campagna oder auf Sizilien. Der Zugang geschieht durch eine Höhle, aus der übelkeiterregende Dämpfe aufsteigen. Nach einem langen Abstieg gelangt man in einen Vorraum, wo sich finstere Personifikationen befinden, die zur Verbreitung des Höllenbildes beitragen: Krankheit, Hunger, Armut, Krieg, Leid, Gewissensbisse, Angst, Gefangenschaft, Trauer, Zwietracht, Tod. Dann wird man von den monströsen Schatten der geflügelten Harpyen, Gorgonen, Hydren und Kentauren angefallen, die diese Region bewachen. Die christliche Vorstellungswelt wird daraus Dämonen machen.

An den Ufern des Acheron angekommen, muß man sich an den Fährmann wenden, einen Alten in Fetzen: Charon. Zahlreich sind die Seelen, die übergesetzt werden wollen, aber jene, deren Körper ohne Begräbnis blieben, müssen hundert Jahre umherirren, ehe sie die Barke besteigen dürfen. Auf der anderen Seite des Stromes muß man Zerberus besänftigen, ein Hunde-Ungeheuer mit drei Köpfen.

Das Gericht des Rhadamantes und Minos, nach römischem Brauch unterstützt von durch das Los bestimmten Schöffen, weist die Seelen in jene Abteilungen ein, die ihnen zukommen. Es gibt freilich eine Kategorie, die alle Kreaturen der Unterwelt verwirrt: die früh verstorbenen Kinder. Sie sind da und weinen, nahe bei den Selbstmördern, die ein gerechtes Leben geführt haben, und den irrtümlich zum Tode Verurteilten. Man fügt ihnen keine Leiden zu, aber sie sind nicht glücklich. Genausowenig wie jene, die die Gefilde der Tränen bewohnen: unglücklich Liebende, im Kampf gefallene Krieger, in irgendeiner Weise mißglückte Existenzen, die verbittert und neidisch ihren Kummer wiederkäuen wie in der sumerischen Unterwelt. In merkwürdiger Weise bleiben alle diese Opfer des Lebens ausgeschlossen: Sie werden weder zu den Glücklichen ins Elysium vorgelassen noch zu den Verdammten in den Tartarus.

Denn dort befindet sich die eigentliche Hölle in einer kolossalen Festung aus Eisen, dreifach umwallt und vom Feuerstrom Pyriphlegethon umschlossen. Die Furie Tisiphone bewacht den Eingang, und aus dieser Höhlung steigen Geschrei, Klagen, Kettengeklirr und das Geräusch von Schlägen auf. Dort kann kein reiner Mensch eintreten, und die Sibylle erklärt Aeneas die Foltern, denen jene Unglücklichen unterworfen sind, unter denen sich Berühmtheiten wie Tityos, Theseus, Ixion und Pirithoos befinden. Aufgrund welcher Taten haben sie ein solches Geschick verdient?

„Wer seinen Bruder gehaßt, solange er lebte, die Hand hob gegen den eigenen Vater, dem Schützling schnöden Betrug spann, büßt allhier; oder wer den guten Glauben eines Klienten getäuscht; auch wer auf erschacherten Schätzen allein hockt, gönnte den Seinigen nichts – der Praß ist größer denn alle –; wen man im Ehebruch fand und schlug, wer frevle Waffen trug, wer Meistern und Herren die geschworene Treue gebrochen, wartet in Ketten der Pein. Frag mich nicht welche, verlang nicht, daß ich dir sag, wohin und wie sie jeden hinabstießen. Einige wälzen den Riesenstein, auf Räder geflochten hangt ein Volk. Es seufzt und wird allewiglich seufzen. Theseus' traurige Haft, und Phlegyas' Jammer bekundet's allen und zeugt mit Ruf und Wort hier unter den Schatten: Lernt, ihr Gewarnten, Gerechtigkeit und ehret die Götter! Der verkaufte die Stadt um Geld und setzte den starken Zwingherrn ein, sprach Recht um Sold, brach Recht um den Pfennig; der dort hat das Bett der eigenen Tochter geschändet. Frevel trug ein jeder im Sinn, und Frevel beging er. Hätt' ich auch hundert Zungen im Mund, und hätte der Münder hundert, mit Stimmen von Erz, nicht wüßt' ich dir aller der Schandtat, aller der Strafen Gestalt und Art mit Namen zu nennen." (Aeneis VI, 608 ff., übersetzt von R. A. Schröder)

Die Verwandtschaft zwischen den in der Hölle bestraften

Vergehen und jenen, die das römische Recht verurteilt, ist außerordentlich vielsagend. So verbietet das Zwölftafelgesetz ausdrücklich, den guten Glauben eines Klienten zu täuschen; das julische Gesetz über den Ehebruch aus dem Jahre 17 v. Chr. autorisiert den Gatten, seine Frau und ihren Liebhaber zu töten, wenn er sie in flagranti ertappt; man trifft in der Hölle erschlagene Ehebrecher, aber nicht jene, die den Totschlag begangen haben. Der Fall der revoltierenden Sklaven und der Gesetzgeber, die Vorschriften machen und annullieren, war in der unruhigen Epoche am Ende des Bürgerkriegs besonders aktuell; es ist nicht überraschend, alle diese Leute in der Hölle wiederzutreffen. Es ist eine provisorische Hölle: Die gereinigten Seelen kommen für tausend Jahre in das Elysium, und wenn sie danach aus dem Fluß Lethe Vergessen getrunken haben, werden sie reinkarniert.

Diese Schöpfung Vergils erscheint einigermaßen verrechtlicht und dennoch sehr poetisch; sie ist eine der Quellen der klassischen christlichen Hölle, die allerdings auch Erbin einer anderen Tradition ist, nämlich der der Welt der Bibel.

IV. Die biblischen und jüdischen Unterwelten

Das große Gewicht, das der Hölle im klassischen Christentum zukommt, hat oft dazu geführt zu meinen, sie müsse auch in der biblischen Welt und in der „Heiligen Schrift" einen wichtigen Platz einnehmen, ist diese doch Quelle der Offenbarung, der Theologie und der Dogmen. So ist es jedoch nicht. Die Hölle als Strafort im Jenseits ist bemerkenswerterweise dem „Alten Testament" wenigstens bis zum 3. vorchristlichen Jahrhundert fremd, d.h. bis zu einer späten Epoche, als alle anderen Religionen bereits eine fest etablierte Höllentradition besaßen.

Wenn der Beginn einer Reflexion über die Möglichkeit von durch Gott den Bösen nach dem Tode auferlegten Strafen seit dem 3. Jahrhundert v. Chr. auftaucht, dann geschieht dies viel mehr als Folge des Kontaktes mit anderen Kulturen als aufgrund einer inneren Entwicklung der jüdischen Geistesgeschichte. Und in dem Augenblick, wo das Christentum erscheint, ist man im jüdischen Bereich noch sehr unentschieden, was dieses Thema betrifft, über das das „Neue Testament" recht zurückhaltend bleibt. Es ist vielmehr in einem ganz speziellen Kontext, nämlich dem der apokalyptischen Literatur, daß sich die ersten Vorstellungen eines Peinortes in den Flammen und unter dem Gewürm ausbilden, Bilder, die im volkstümlichen Milieu schnell ihre symbolische Bedeutung verlieren und für Wirklichkeit gehalten werden.

Von allen Religionen des Nahen Orients bleibt die hebräische während langer Zeit vielleicht die am meisten „materialistische". Nach den ältesten Büchern scheint so ziemlich alles mit dem Tode aufzuhören. Denn wenn man auch meint, daß die Seelen in die Sheol kommen, ein Ort, gelegen „in den Tiefen der Erde", wie der dreiundsechzigste „Psalm" sagt, so ist der Unterschied zum Nichts ziemlich gering: In diesem von einem starken Tor verschlossenen Ort liegen die Seelen unbeweglich, fühllos, unbewußt und ohne Hoffnung auf eine Auferstehung im Staube. Auch sind die Aussichten für die Lebenden, seien sie gut oder böse, nicht erfreulich: sie sind alle dem selben Schicksal geweiht. Enttäuscht konstatiert das Buch „Kohelet" 9,3ff.: „... danach, wenn die Menschen zu den Toten müssen – ja wer würde da ausgenommen? Für jeden Lebenden gibt es noch Zuversicht. Denn: ein lebender Hund ist besser als ein toter Löwe und: die Lebenden erkennen, daß sie sterben werden; die Toten aber erkennen überhaupt nichts mehr. Sie erhalten auch keine Belohnung mehr; denn die Erinnerung an sie ist in Vergessenheit versunken. Liebe, Haß und Eifersucht gegen sie, all dies ist längst erloschen. Auf ewig haben sie keinen Anteil mehr an allem, was unter der Sonne getan wurde."

Es ist auf Erden, daß Gott die Bösen bestraft, und zwar vor allem in kollektiver Form, indem er eine Besetzung durch Fremde, Deportation, Pest, Hungersnot, Angriffe wilder Tiere erlaubt. Seit der Zeit der Propheten (achtes Jahrhundert vor Christus) individualisierten sich die Bestrafungen, blieben aber ausschließlich irdisch. In der Tat ist die Gerechtigkeit immanent: Die Schlechten werden gemäß dem Gesetz der Vergeltung von verschiedenen Unglücksfällen getroffen. Bestraft werden religiöse, rituelle oder soziale Untaten: Anbetung von Idolen, Verletzung von Reinheitstabus, Bruch von Vorschriften des mosaischen Gesetzes.

Die ersten Entwürfe zu einer Idee der Hölle nach dem Tode

sind sehr spät. Zwei Stellen bei Jesaia sind lange als solche betrachtet worden: „Ja, seht, der Herr kommt wie das Feuer heran, wie der Sturm sind seine Wagen, um im glühenden Zorn Vergeltung zu üben, und er droht mit feurigen Flammen. Ja mit Feuer und Schwert hält der Herr Gericht über alle Sterblichen, und viele sind es, die der Herr erschlägt.“ (66, 15f.) „Dann wird man hinausgehen, um die Leichen derer zu sehen, die sich gegen mich aufgelehnt haben, denn der Wurm in ihnen wird nicht sterben und das Feuer in ihnen wird niemals erlöschen; ein Ekel sind sie für alle Welt.“ (66, 24)

Aber die moderne Exegese hat gezeigt, daß diese Ausdrücke einen rein materiellen und irdischen Sinn hatten: Die Leichen der Feinde Israels werden verrotten, zerfressen von den Würmern, Bild der Zersetzung, oder sie werden im Hinnomtal bei Jerusalem verbrannt werden. Das Feuer ist zugleich materiell und Symbol des göttlichen Zorns, der die Ruchlosen zerstört: „Wie lange noch Herr? Verbirgst du dich ewig? Soll dein Zorn wie Feuer brennen?“ frägt der neunundachtzigste „Psalm“ (47). Das Feuer als Mittel der Reinigung wird an 271 Stellen der „Bibel“ erwähnt.

Die Vorstellung, die in der Zeit der Propheten am meisten Fortschritte macht, ist jene der individuellen Verantwortlichkeit. Im achtzehnten Kapitel erklärt Ezechiel: „Nur wer sündigt, soll sterben. Ein Sohn soll nicht die Schuld seines Vaters tragen, und ein Vater nicht die Schuld seines Sohnes.“ (20) Man muß jedoch bis ins fünfte Jahrhundert warten, um zögerlich das Prinzip der immanenten Gerechtigkeit in Frage gestellt zu sehen. Ist es die Folge der Besetzung durch die Perser, des Kontaktes mit dem Zoroastrismus und seiner Eschatologie? Man weiß es nicht. Im fünften Jahrhundert stellt das „Buch Hiob“ die Frage nach dem Gerechten, den Unglück trifft, während es dem Bösen wohlergeht. Beim Tode ist das Geschick beider identisch: Beide liegen sie im Staube, und Würmer bedecken sie. Im folgenden Jahrhundert evoziert der Prophet Joel die Möglichkeit eines Gerichts beim Ende der Welt, dem die Trennung von Guten und Bösen vorausgeht, im

Kontext kosmischer Umwälzungen. Dies deutet auf die Apokalyptik hin, ist hier aber noch eine sehr vage Vorstellung.

Der Kontakt mit der hellenistischen Welt seit der Eroberung Alexanders d. Gr. im Jahre 331 v. Chr. und die Einverleibung in die Welt der Lagiden und dann der Seleukiden, stimulierte die weitere Reflexion. Man sieht, wie sich in einem Klima religiöser Besorgnis und der Suche nach dem Heil, das charakteristisch für den Orient in dieser Epoche ist, die Hypothesen vervielfachen: Die Mysterienreligionen wie der Kybele-Kult oder die Orphik treten in Konkurrenz zu den großen Kulten, und indem sie den Initiierten ewige Seligkeit versprechen, entwickeln sie die Furcht vor einer möglichen Verdammung für alle anderen. Die jüdische Welt, die empfänglicher für äußere Einflüsse ist, als man lange Zeit geglaubt hat, hat an diesen Spekulationen teil, und zwar vor allem im Milieu der Diaspora, besonders in Alexandrien. Dort kamen die unterschiedlichsten Religionen mit richtiggehend materialistischen Überzeugungen in Berührung, wie zum Beispiel jener des Atheisten Theodor (viertes Jahrhundert), auch mit einer starken epikuräischen Strömung. Diese drückte sich etwa in folgender Formel aus: „Ich war nicht, ich wurde geboren, ich war, ich bin nicht mehr: das ist alles. Wenn irgendjemand das Gegenteil behauptet, ist er ein Lügner."

2. Bedenken gegen die Hölle im Judentum des 3. bis 1. vorchristlichen Jahrhunderts

Die hebräische Welt akzeptierte die Höllenvorstellung nur sehr langsam; noch im dritten Jahrhundert vor Christus drückt Kohelet unter dem deutlichen Einfluß der griechischen Philosophie seinen Zweifel daran aus: „Aber ein und dasselbe Geschick trifft den Gesetzestreuen und den Gesetzesbrecher, den Guten, den Reinen und den Unreinen, den Opfernden und den, der nicht opfert. Dem Guten ergeht es wie dem Sünder, dem Schwörenden ebenso wie dem, der den Schwur scheut."

(9,2) Noch im zweiten Jahrhundert bekräftigt Jesus Sirach, daß die einzige Bestrafung des Bösen in diesem Leben durch das Wirken der immanenten Gerechtigkeit erfolgt. Nach dem Tode gibt es nichts mehr zu befürchten: „Ob tausend Jahre, ob hundert oder zehn, im Totenreich gibt es keine Beschwerde über das Leben." (41,4)

Doch die politischen Ereignisse stimulieren die Reflexion und berühren auch die traditionellen Vorstellungen, als der Seleukidenkönig Antiochos IV. (175–164) im Zuge seiner Verfolgung den jüdischen Kultus untersagt und versucht, Palästina gewaltsam zu hellenisieren. Einer von der Familie der Makkabäer geführten Revolte mit heldenhafen Kämpfen gelingt es nicht, das jüdische Volk zu befreien. Sind diese Beschwernisse auf Erden, die der augenscheinliche Sieg der Feinde des Volkes Israel kennzeichnet, nicht ein Zeichen dafür, daß Gott die Zeit der Vergeltung auf später, auf das Ende der Welt verschiebt? Das ist die Idee, die in der sog. apokalyptischen Literatur durchbricht, ein Ausdruck, der ‚Offenbarung' bedeutet. Der Form nach werden diese Offenbarungen einer Persönlichkeit der Vergangenheit in den Mund gelegt, die einerseits historische Ereignisse ankündigt, die sich schon erfüllt haben und als Garanten für die Wahrhaftigkeit seiner Aussagen dienen, und andererseits eine geheime Botschaft in symbolischer Sprache über die letzten Tage zur deutlichen Bekräftigung der kosmischen Umwälzungen, welche genauso Bilder eines verborgenen Sinnes darstellen. Diese in einer Zeit der Beschwernisse und Verfolgungen entwikkelte Literaturgattung wird bis ins 2. Jahrhundert n. Chr. Bestand haben. Für ihre Entzifferung ist ein Schlüssel nötig, der uns noch in zahlreichen Fällen abgeht. Der dunkle Sinn bestimmter Metaphern, der sehr schnell verloren gehen wird, wird dazu führen, das, was nur Bilder und Symbole waren, wörtlich zu nehmen. Dies ist z. B. der Fall bei der ganzen mit dem Feuer zusammenhängenden Bildwelt.

In diese Tradition ist das um 160 v. Chr. redigierte „Daniel-Buch" zu stellen, das das erste Mal deutlich eine ewige Hölle verkündet: „Dann kommt eine Zeit der Not, wie noch keine da war, seit es Völker gibt bis zu jener Zeit. Doch dein Volk wird in jener Zeit gerettet, jeder der im Buch verzeichnet ist. Von denen, die im Land des Staubes schlafen, werden viele erwachen, die einen zum ewigen Leben, die anderen zur Schmach, zu ewiger Abscheu." (12,1f.)

Trotzdem ist diese Vorstellung weit davon entfernt, allgemein akzeptiert zu werden: Im „Zweiten Makkabäerbuch" z.B. ist die einzige für Antiochos IV. verkündete Strafe eine irdische: ein Unfall, ein schmerzhafter Tod, eine vom Unglück verfolgte Nachkommenschaft. Im jüngsten Teil des „Alten Testaments", dem vielleicht um 50. v. Chr. verfaßten „Buch der Weisheit", hat die lange Liste der Qualen, die die Bösen treffen werden, noch einen rein irdischen Sinn.

Zur Zeit Christi unterscheidet man im Judentum laut ihrem Geschichtsschreiber Josephus Flavius drei verschiedene Meinungen: Für die zur Aristokratie und zum Priestertum gehörigen Sadduzäer ist der Tod des einzelnen vollständig und jede Hölle ausgeschlossen; für die der Mittelklasse entstammenden, betont frommen Pharisäer wird es wohl ein Gericht und eine Bestrafung in Form von Foltern im Jenseits geben, aber dieser Glaube ist wenig präzise und vermischt sich z. T. mit Vorstellung aus dem Bereich der Seelenwanderung. Die Essener schließlich, die im 2. Jahrhundert v. u. Z. auftauchen und besonders in den Wüsten am Toten Meer verstreute Gemeinschaften bilden, sind am entschiedensten: „Dieselben Essener", schreibt Josephus, „glauben, daß die Seelen unsterblich erschaffen sind, um sich der Tugend zu- und dem Laster abzuwenden; daß die Guten in diesem Leben besser werden durch die Hoffnung, nach dem Tode selig zu sein, und daß die Bösen, die sich vorstellen, in dieser Welt ihre schlechten Taten verbergen zu können, dafür in der anderen Welt durch ewige Qualen bestraft werden." Sind Johannes der Täufer und Jesus aus solchen Gemeinschaften gekommen? Die Frage wird z. Zt. diskutiert, aber es gibt irritierende Hinweise ebenso wie bestimmte Abschnitte in den Manuskripten vom Toten Meer, deren Inhalt nach und nach erschlossen wird, die dies denken lassen können. Die orthodoxe jüdische Welt dagegen entwickelt ihre Spekulationen über die Hölle nur langsam.

3. *Die Höllen der Rabbiner und im „Talmud"*

Es ist v. a. die apokryphe Literatur des Judentums, die sich detailliert über das Höllenthema verbreitet. Das aus dem 1. Jahrhundert v. Chr. stammende „Henoch-Buch" zeigt uns, wie der Patriarch Henoch von Engeln ins Jenseits getragen wird und den Feuerstrom sowie das Gebirge der Dunkelheit überwindet. Er gelangt zum Hölleneingang, der ein im Westen in der Nähe der himmlischen Feuersäulen gelegener Abgrund ist. Dort drinnen erwarten in einem schmalen Tal zwei Gruppen von Verstorbenen die Bestrafung: die Sünder, die ein unglückliches Leben hatten, werden gemäßigten Strafen unterworfen, während jene Sünder, die im Glück lebten, ewige Qualen zu ertragen haben.

Auch zwei andere Bücher, die aus der Mitte bzw. dem Ende des 1. vorchristlichen Jahrhunderts datieren, beharren auf demselben Gedanken: die „Psalmen Salomos" und v. a. die „Baruch-Apokalypse", ein rabbinischer Text, der das Ende der Welt ankündigt, das die Verurteilung der Bösen zum Feuer bringen wird: „Diese ganze Menge geht in den Untergang; unzählig sind jene, die das Feuer verschlingen wird." Diese Schrift versucht auch, den schwierigen Ausgleich zwischen kollektiver Verantwortung, wie sie sich aus der Erbsünde ergibt, und individueller Verantwortung: „Wenn Adam auch zuerst gesündigt und über alle den vorzeitigen Tod gebracht, so zog doch auch von den Kindern ein jedes selbst die künftige Pein an sich; es wählte jedes einzelne davon die künftige Herrlichkeit sich aus. In Wahrheit trägt den Lohn davon, wer gläubig ist. Jetzt aber wendet euch nur dem Verderben zu, ihr, die ihr heute Übeltäter seid! Ihr werdet streng bestraft, weil ihr des Höchsten Einsicht ehedem mißachtet. Denn euch belehrten niemals seine Werke, noch überzeugt euch seiner Schöpfung Wunderbau bis heute. Sonach trägt Adam einzig und allein für sich die Schuld, wir alle aber wurden, jeder für sich selbst, zum Adam." (Syrische Baruchapokalypse 54, 15 ff., übers. v. P. Riessler)

In den siebziger Jahren unserer Zeitrechnung verkündet das „Vierte Esdras-Buch", daß die, die dem Gesetz nicht gehorcht haben, verschiedene Strafen zu erleiden haben. Die Niederlagen der Juden in den Jahren 70 und 135 sowie der Untergang aller Hoffnung auf eine Befreiung auf Erden haben gewiß dazu beigetragen, den Glauben an eine zukünftige Vergeltung zu popularisieren. Die verbreitetste Vorstellung seit dem 2. Jahrhundert n. Chr. war die, daß beim Tode die Seelen in verschiedene, nach Guten und Bösen getrennte Abteilungen der Scheol gelangen, wo sie das Jüngste Gericht erwarten. Dann kommen die einen in den Garten Eden, die anderen in die Gehenna. Dies ist ein unterirdischer Ort im Westen, der nach dem „Talmud" aus sieben übereinanderliegenden Stätten besteht, in deren jeder eine im Vergleich mit der darüberliegenden sechsmal größere Hitze herrscht. Abgesehen vom Feuer, gibt es verschiedene Schrecken wie dunkle Säle, die von Skorpionen wimmeln, oder den Zwang, seine eigenen Glieder zu verzehren.

Im allgemeinen sind diese Qualen zeitlich beschränkt und dienen der Reinigung: Nach Ablauf einer gewissen Zeit darf die Seele den Garten Eden betreten, ausgenommen die ganz verhärteten Sünder, zu denen die Christen gezählt werden. Was sie betrifft, vertreten die rabbinische Schulen sehr unterschiedliche Meinungen: Die des Schamai ist sehr streng und glaubt an den ewigen Schrecken, an Bestrafungen ohne Ende, wogegen jede des Hillel meint, daß es nach bis zum Endgericht dauernden Qualen doch eine allgemein Vergebung geben wird. Andere denken, daß die Christen zu Nichts werden.

Diese Schwankungen werden lange Zeit in der jüdischen Kultur existieren, die der Eschatologie weit weniger Raum gibt als die christliche. Die mittelalterlichen Philosophen wie Maimonides werden sich damit begnügen, die Vernichtung der Bösen zu verkünden.

4. Die Hölle im „Neuen Testament"

Die erste Überraschung bei der Lektüre des „Neuen Testamentes" besteht in der extremen Seltenheit des Höllenthemas, das in seiner ursprünglichen Lehre offensichtlich nur einen sehr sekundären Platz einnahm. Wenn wir die Texte in der Reihenfolge ihres Entstehens betrachten, dann müssen wir mit den Briefen des Paulus beginnen, denn sie wurden zwischen 50 und 63 redigiert, während die ersten „Evangelien" erst nach 70 aufgezeichnet wurden. In den Paulinischen Schriften erscheint das Wort ein einzige Mal im Sinne von unterirdischer Welt: „... Damit alle im Himmel, auf der Erde und unter der Erde ihre Knie beugen vor dem Namen Jesu..." (Philipper 2, 10). Paulus macht einige Anspielungen auf das Jüngste Gericht, um zu sagen, daß jeder seine Vergeltung haben werde, aber ohne das Schicksal der Bösen zu präzisieren. Ganz mit Recht macht er im „2. Römerbrief" (5ff.) deutlich, daß sie dazu bestimmt sind, unterzugehen. Diese extreme Diskretion bei ihm, der doch als erster Theologe der Kirche betrachtet wird und dessen Lehre so reich an anderen Themen ist, wirkt bemerkenswert.

Bei Petrus, dessen 1. Brief auf 64 datiert wird, stößt man auf dasselbe Schweigen; obwohl er ausführlich von der anderen Welt spricht, gibt es nicht ein Wort über die Hölle. In seinem 2. Brief ist die Passage, die den Tartarus erwähnt (2, 4), eine nicht authentische Einfügung des 2. Jahrhunderts. Dasselbe Schweigen findet sich in der um 80 verfaßten „Apostelgeschichte".

Die einzige diesbezügliche Äußerung, die man sowohl bei Paulus (Römer 10, 7; Epheser 4, 8ff.) und Petrus (I, 3, 19f.) findet, betrifft einen angenommenen Abstieg Jesu in das Totenreich zwischen Karfreitag und Ostersonntag. Jedes Mal ist die Formulierung sehr zwiespältig, und das Wort Hölle wird nicht verwendet. Wahrscheinlich ist damit gemeint, daß Jesus die gerechten Toten vor seiner Wiederkunft rettet. Allerdings wurde die Formulierung „Abstieg zur Hölle" offiziell, obschon sie das erste Mal erst 359 in der 4. Formel von Sirmium erscheint, die auf Marcus von Arethusa zurückgeht. Sie wird dann in das „Apostolische Glaubensbekenntnis" aufgenommen werden, von den im 5. Jahrhundert in Gallien und Spanien formulierten Glaubensbekenntnissen zusammengefaßt und im 10. Jahrhundert in Rom eingeführt.

Im Vergleich mit den Briefen sprechen die „Evangelien" viel öfter von der Hölle. Der Kontrast zur Lehre des Paulus in dieser Hinsicht ist beachtenswert und eröffnet neuerlich das Problem eines fundamentalen Unterschieds zwischen Paulus und Christus, wie es auch bestimmte Interpretationen der Manuskripte vom Toten Meer nahelegen. Hier ist daran zu erinnern, daß die „Evangelien" Frucht kollektiver Überlegungen innerhalb der ersten Gemeinden darstellen, daß sie von essenischem Geist geprägt sind und daß sie nach der Katastrophe der Zerstörung Jerusalems im Jahre 70 aufgezeichnet wurden, die apokalyptische Erwartungen verstärkte.

Die Hölle der „Evangelien" ist fast immer die Gehenna, d.h. ein ganz konkreter Ort, das „Tal des Stöhnens", oder die Hinnom, eine verfluchte Stätte, da es hier einen alten kananitischen Kult gegeben hatte, wo man einst dem Baal Brandopfer darbrachte, vielleicht sogar Menschenopfer. Seit der Rückkehr aus dem Exil war dieser Ort eine große Abfallhalde, wo dauernd Tierkadaver und Verunreinigtes verbrannte, von den Würmern und vom Feuer verzehrt. Daher kommt der Ausdruck bei Markus: „Und wenn dich dein Auge zum Bösen verführt, dann reiß es aus; es ist besser für dich, einäugig in das Reich Gottes zu kommen, als mit zwei Augen in die Hölle geworfen zu werden, wo ihr Wurm nicht stirbt und das Feuer nicht erlischt." (9,47f.) Der Wurm und das Feuer werden bald die zwei wesentlichen Komponenten der Höllenstrafen sein.

Matthäus behandelt das Thema ausführlicher: „Dort wird Weinen und Zähneknirschen sein" (8,12), ein Ausdruck, der sechs Mal wiederkehrt. Drei Mal spricht er von den „äußeren Finsternissen" und drei weitere Male vom ewigen Feuer. Er erwähnt auch die „Pforten der Hölle" und die „Feuer-Gehenna". Was Lukas betrifft, so erzählt er die Episode von Lazarus und dem reichen Prasser (16,19ff.). Es handelt sich dabei um einen Lehrdialog, wie man ihn in der ägyptischen Mythologie trifft: Der böse Reiche befindet sich nach dem Tod an einer Marterstätte, wo er Feuerqualen erleidet. Er bittet Abraham um einen Wassertropfen, der ihm verweigert wird. Abgesehen von dieser Geschichte, die auf die Bekehrung der Zuhörer abzielt, gibt es bei Lukas auch eine Bemerkung über die geringe Zahl der Auserwählten: „Da fragte ihn einer: Herr, sind es nur wenige, die gerettet werden? Er sagt zu ihnen: Bemüht euch mit allen Kräften, durch die enge Tür zu gelangen; denn viele, sage ich euch, werden versuchen hineinzukommen, aber es wird ihnen nicht gelingen." (13,23f.)

Was schließlich die „Johannes-Apokalypse" betrifft, die um 95 verfaßt wurde, so gehört sie, die chronologisch am Ende der neutestamentlichen Werke steht, zu jener speziellen Literatur, deren Erscheinen wir bei Daniel gesehen haben. Die Feuer-Metaphern finden sich hier im Überfluß. Der Böse „wird mit Feuer und Schwefel gequält vor den Augen der heiligen Engel und des Lammes. Der Rauch von ihrer Peinigung steigt auf in alle Ewigkeit, und alle, die das Tier und sein Standbild anbeten und die seinen Namen als Kennzeichen annehmen, werden bei Tag und Nacht keine Ruhe haben." (14,10f.) Man sieht da Sümpfe von Feuer und Schwefel, und der Gegensatz von Erwählten und Verdammten bildet ein permanentes Charakteristikum, was den essenischen Lehren entspricht.

Generell ist die Unterweisung des „Neuen Testaments" über die Hölle sehr vage und unbestimmt. Sie ist typisch für die Mentalität einer kleinen Gruppe, die mit einer feindlichen Umwelt und Niederlagen konfrontiert ist und Elemente ihres

Glaubens der apokalyptischen Tradition entlehnt, den Essenern und der irdischen Gehenna. Im Schock, den der Fall Jerusalems auslöste, betrachtet sich diese kleine Gruppe als die der Erwählten und erwartet die große endgültige Vergeltung.

Wie auch immer, die Hölle nimmt nur einen geringen Platz ein, verbleibt im Bereich einer vagen Erwartung, einer hypothetischen Drohung. Keiner der Evangelisten behauptet etwa, daß Judas, der Verräter par excellence, verdammt wäre. Nachdem er sich nach Meinung der einen erhängt hat, nach Meinung anderer Opfer eines Sturzes geworden war, verbleibt sein ewiges Schicksal im Ungewissen.

So schmal sind die Grundlagen, auf denen die christliche Tradition, sowohl die volksläufige als auch die theologische, ein riesiges Höllengebäude erbauen wird, mit dem sich zugleich moralische, pastorale und dogmatische Intentionen verbinden.

V. Die Entwicklung der christlichen Hölle

Vor allem auf dem volksläufigen Niveau entwickelt sich die christliche Konzeption der Hölle. Chronologisch sind es die Apokalypsen und apokryphen Schriften, die die ersten sehr farbigen Visionen eines höllischen Universums bieten. Reflektiert wird das Thema erst in einer zweiten Phase bei den Kirchenvätern, die aufgrund sehr heterokliter Gegebenheiten arbeiten. Auch sind die Divergenzen unter den Vätern beträchtlich, und es können ihre Werke wie die Schrifttexte zur Rechtfertigung ganz gegensätzlicher Standpunkte verwendet werden.

Im Verlauf des frühen Mittelalters sind es vor allem die Mönche, die der Hölle ihre sehr rigoristischen Vorstellungen aufdrücken, wozu sie zahlreiche Berichte von Unterweltsreisen aufzeichnen, die mehr oder minder den Status von Offenbarungen erreichen werden. Es geht vor allem darum, die Liste der Sünden festzuschreiben, die zur Verdammung führen, und jene der zugehörigen Strafen.

Erst zwischen dem elften und dreizehnten Jahrhundert werden die Scholastiker versuchen, dieses Material zu rationalisieren und die Widersprüche aufzulösen, die darin verbleiben. Ihre Schemata sind im Vergleich zu den vorhergehenden Visionen erstaunlich nüchtern. Was die Dogmen betrifft, die offizielle Darlegung der Glaubenslehren, so umfassen sie nur das Prinzip einer Hölle selbst, ohne näher ins Detail zu gehen.

1. *Die Hölle der volksläufigen Überlieferungen*

Am stärksten ist das Bedürfnis, um das zukünftige Geschick der Seele zu wissen, im Inneren der christlichen Gemeinden, die großteils aus ungebildeten und einfachen Leuten bestehen. Bei allen diesen nach Heil dürstenden Bekehrten, deren irdisches Los schwierig ist und von denen man verlangt, ihre Existenz für die Hoffnung auf eine glückliche Ewigkeit aufzuopfern, ist der Wunsch legitim, zu wissen, was diese andere Welt sein werde. Für viele ist es auch wichtig, das Los der Verdammten zu kennen, das heißt all jener, die sich nicht dem wahren Glauben angeschlossen haben und die von dieser irdischen Existenz profitieren. Das Verlangen nach Rache ist dieser Neugier keineswegs fremd: Die Opfer, die in diesem Leben von den Gläubigen verlangt werden, müssen einerseits von einer glücklichen Zukunft kompensiert werden und andererseits durch die Bestrafung jener, denen in dieser Welt das Glück lachte.

Bei vielen Autoren, die wie etwa Tertullian († um 230) diese volkstümliche Einstellung wiedergeben, erhöht sich das Glück der Erwählten durch den Anblick der Qualen der Verdammten. Aber die „Heilige Schrift" ist zu vage, was diese Qualen betrifft. Zahlreiche apokryphe Werke apokalyptischen Charakters müssen daher diese Lücken schließen. Die „verborgenen Schriften", die zwischen dem 2. und 4. Jahrhundert entstanden und die sich als bislang geheim gebliebene Offenbarungen präsentieren, entwickeln und präzisieren jene Punkte, die die „Evangelien" im dunklen gelassen haben. Im Geiste der Gnosis bestehen sie auf eine direkte Konfrontation zwischen Christus und dem Teufel während ihres Aufeinandertreffens in der Unterwelt. So liest man in dem zwischen 150 und 160 in Ägypten oder in Asien verfaßten „Apostelbrief", wie Jesus in die Vorhölle hinabsteigt und die Gerechten sowie die Propheten tauft. Das „Protoevangelium des Jakobus" (um 150), das „Nikodemus-Evangelium" und das „Bartholomäus-Evangelium", entwickeln dieses Thema weiter.

Im 4. Jahrhundert berichten die „Pilatus-Akten" im Detail vom Abstieg Christi in die Unterwelt, wobei sie in merkwürdiger Weise griechische und christliche Elemente vermengen. Es ist wohl Satan, der als Herr dieses Ortes dargestellt wird, aber es ist Hades, der für die Verstorbenen des Alten Bundes zuständig ist. Satan verlangt von Hades die Seele Christi; jener zögert, denn die Macht Christi ist beachtlich, hat er ihm doch schon mehrfach Seelen entrissen, indem er sie auferweckte. Bei der Ankunft Christi läßt Hades die bronzenen Höllentore schließen – verlorene Liebesmüh, denn der Gottessohn dringt trotzdem ein, befreit alle Gerechten, bemächtigt sich Satans, läßt ihn in Ketten legen und liefert ihn Hades aus.

Andere apokryphe Texte nehmen das Thema der griechischen und orientalischen Seelenreise auf. In der Geschichte Josephs des Zimmermanns muß die von Dämonen begleitete Seele des Toten zahlreiche Hindernisse überwinden, was sie nur dann schafft, wenn sie ein reines Leben geführt hat. Aber es sind vor allem die Berichte apokalyptischen Charakters, die sich über die Höllenstrafen genauer auslassen. Die erste detaillierte Beschreibung findet sich in der „Petrus-Apokalypse", die zwischen 125 und 150 wahrscheinlich in Alexandrien aufgezeichnet wurde. Die Vision der Höllenmartern bildete einen viele Male wiederholten Prototyp für die bildende Kunst bis zum Ende des Mittelalters:

„Ich sah aber auch einen anderen Ort jenem gegenüber, einen ganz düsteren; und dies war der Ort der Strafe, und die dort gestraft wurden wie auch die strafenden Engel trugen das finstere Gewand, gekleidet entsprechend der Luft des Ortes. Und etliche waren an ihren Zungen aufgehängt. Das waren die, welche den Weg der Gerechtigkeit gelästert hatten, und unter ihnen lag Feuer, das loderte und quälte sie. Und es war ein großer See da, gefüllt mit brennendem Schlamm, in welchem etliche Menschen steckten, welche sich von der Gerechtigkeit abgewandt hatten, und quälende Engel setzten ihnen zu. Es waren aber auch andere da: Frauen an ihren Haaren über jenem aufkochenden Schlamm aufgehängt. Das waren die, welche sich zum Ehebruch geschmückt hatten. Diejenigen Männer aber, welche sich zur ehebrecherischen Beflekkung mit ihnen vereinigt hatten, waren an den Füßen aufgehängt und hatten ihre Häupter im Schlamm, und mit lauter Stimme riefen sie: ‚Wir hätten nicht geglaubt, an diesen Ort zu kommen.' Und ich sah die Mörder und ihre Mitwisser in eine Schlucht voll giftigen Gewürms geworfen und geplagt von jenen Tieren und so sich windend in jener Qual. Es bedrängten sie aber die Würmer wie dunkle Wolken. Die Seelen der Ermordeten aber standen dabei, schauten die Strafe jener Mörder und sprachen: ‚Oh Gott, gerecht ist dein Gericht!' Nahe bei diesem Ort sah ich eine andere Schlucht, in welche der Eiter und der Unrat der Gequälten niederrann und dort zu einem See wurde. Und dort saßen Frauen, denen der Eiter bis zum Halse ging, und ihnen gegenüber saßen viele Kinder, welche vorzeitig geboren worden waren und weinten. Und von ihnen gingen Feuerflammen aus und trafen die Frauen in den Augen. Das waren die, welche uneheliche Kinder empfangen und abgetrieben hatten." (Griechische Version 21ff., übers. v. C. D. G. Müller).

Diese Vision wurde Mitte des 3. Jahrhunderts in Ägypten neu bearbeitet und erweitert als „Paulus-Apokalypse", auf die sich Dante beziehen wird. Von einem Engel begleitet, kommt Paulus zum Feuerstrom, wo er alle Qualen betrachtet: Insgesamt gibt es 1444 verschiedene, versichert der Engel. Viele von ihnen sind den orientalischen Mythologien entlehnt, auf die letztlich etwa das Thema der Brücke zurückgeht, von der die Sünder hinabstürzen. Die Unreinen werden bis zum Nabel in schwarzes Wasser getaucht, jene, die sich am Unglück anderer erfreuten, bis zu den Augenbrauen, die Waisen etwas Böses taten, werden von einem Eisfeuer verbrannt, die Wucherer verschlingen ihre eigenen Zungen, Tausende Seelen sind auf ein Flammenrad gebunden, das sich täglich tausend Mal dreht usw. Einmal in der Woche gibt es eine Unterbrechung dieser Martern. In einer anderen Apokalypse, der des

Esdras, wird zum ersten Mal ein Verdammter namentlich genannt: Es ist Herodes.

Seit dem 2. Jahrhundert wird die Hölle auch als Instrument der Katechese verwendet, und zwar von den Apologetikern, die schon darin geübt waren, die Waffe der Furcht zu schwingen. Ein erstes Zeugnis findet sich beim hl. Justin († 165): „Man wird vielleicht sagen, wie es die angeblichen Philosophen tun, daß das nur Worte oder Schreckgespenste seien, was wir Christen von den Strafen der Sünder im ewigen Feuer lehren, und daß wir die Menschen durch Angst und nicht durch Liebe zum Guten und zur Tugend führen wollen. Darauf will ich in Kürze antworten: Wenn es nicht so ist, existiert auch Gott nicht; oder, wenn er existiert, kümmert er sich nicht um die Menschen. Tugend und Laster sind dann nichts; die Gesetzgeber würden dann jene, die ihre guten Vorschriften nicht befolgen, ungerechterweise bestrafen... Bei uns findet ihr, mehr als bei irgendwelchen anderen, Hilfe und Unterstützung für den Frieden, denn wir bekennen, daß keiner Gott zu entkommen vermag: der Böse, Geizige oder Treulose genausowenig wie der Ehrbare, sondern daß jeder gemäß seiner Werke zur ewigen Strafe oder zum ewigen Heil gelangt. Wenn alle Menschen dies wüßten, würde niemand hier ein Verbrechen begehen, da er sich im klaren darüber wäre, die ewige Feuerstrafe auf sich nehmen zu müssen. Vielmehr würde er sich zurückhalten und tugendhaft leben, um die von Gott versprochenen Wohltaten zu erlangen und die Strafe zu vermeiden." (Apologie 9)

In der ersten Hälfte des 3. Jahrhunderts bemüht sich Minutius Felix in seinem „Octavius" zu zeigen, daß es eine Kontinuität zwischen der heidnischen Hölle der „Aeneis" und der christlichen gibt, indem er erstere als Entlehnung aus der „Bibel" darstellt. Die Katechese des Schreckens findet sich auch im „Diognet-Brief" (um 200) und v. a. bei Tertullian. Nach ihm weilen die Seelen der Verstorbenen im Hades, wo Gute und Böse getrennt die Vergeltung erwarten. Letztere aber brennen bereits, obwohl sie noch ihre besonderen und raffinierten Bestrafungen erwarten, die mit dem Ende der Welt einsetzen werden. Tertullian freut sich im voraus: „Ich bin es, der dann lachen wird ... wenn ich alle jene Weisen sehen werde, alle die Philosophen, die mit ihren Schülern brennen werden, denen sie gelehrt haben, daß Gott sich nicht um die Welt kümmere." (De spectaculis 30) Dieser Schrecken vor dem ewigen Feuer hilft auch den Märtyrern, ihre Hinrichtung zu ertragen, wie es die Märtyrerakten des hl. Polykarp († 156) zeigen, der erklärt, daß der Scheiterhaufen ihm kühl erscheine, weil er ihm ein viel furchtbareres Feuer erspare.

Die volksläufigen Höllenvorstellungen entwickeln sich spontan und reichern sich sehr rasch durch Entlehnungen aus anderen Religionen an, um die Lücken der Offenbarung zu schließen und den Gläubigen eine Vergeltung an den Mächtigen, Reichen und in diesem Leben Glücklichen zu bieten. Es sind v. a. die Habsüchtigen, Geizigen, Unzüchtigen, Völler, Faulpelze und Hochmütigen, die man in diesen Höllen findet. Doch sind angesichts dieser entfesselten Bildwelt Abschweifungen von der offiziellen Lehre zu befürchten. Daher bemühen sich die ersten christlichen Intellektuellen, die Kirchenväter, darum, das Thema zu organisieren und zu rationalisieren und eine Hölle zu erarbeiten, die mit den Vorgaben der „Bibel" übereinstimmt. Darauf verwenden sie viel Energie, ohne alle Probleme lösen zu können.

2. Die grundlegenden Lehren der Kirchenväter

Eine Vielfalt an Interpretationen existiert: Eine der wichtigsten, die v. a. in dem großen kosmopolitischen Zentrum Alexandrien entwickelt wurde, sieht in der Hölle eine symbolische und vergängliche Vorstellung. Für diese erste Gruppe von Denkern wäre die Existenz eines Ortes mit wirklichen und ewigen Leiden unvereinbar mit der Güte Gottes. Im frühen 3. Jahrhundert erklärt Clemens von Alexandrien das

Höllenfeuer als Metapher für die Gewissensbisse der Verdammten. Es handelt sich um ein spirituelles Feuer, das die Seele durchdringt. Dieses Konzept wird von seinem Schüler Origenes weitergeführt, für den das Leid des Sünders daraus resultiert, daß er sich selbst außerhalb der umfassenden Harmonie gestellt hat, wie Gott sie schuf: Dies verursacht ihm tiefen Schmerz. Origenes meint auch, daß diese spirituelle Hölle endlich sein werde. Am Ausgang der Zeiten wird die gesamte Schöpfung wieder in Gottes Schoß zurückkehren, ins allumfassende Heil. Dies ist die Lehre von der Apokatastasis, nach der selbst für den Teufel und die größten Sünder die Möglichkeit zum Heil besteht: „Es liegt an Dir, oh Leser, zu beurteilen, ob diese Art von Kreaturen endgültig von der Einheit und Harmonie ausgeschlossen sein wird, sei es in den zeitlichen Epochen, sei es in jenen, die mit der Ewigkeit zusammenfallen."

Im 4. Jahrhundert findet man diese nachsichtige Auffassung bei Didymus dem Blinden und dem heiligen Ambrosius. Für letzteren bleiben nur die Apostaten und Frevler auf alle Ewigkeit in der Hölle. Die Christen werden durch den Glauben und die Taufe gerettet. Gregor von Nyssa wiederholt die Apokatastasis-Lehre. Für ihn besitzt die Hölle einfach einen heilenden Wert und verliert ihre Existenzberechtigung, sobald alle Bösen von ihrem Übel gereinigt sein werden. Eine Stelle in seiner „Katechetischen Predigt" scheint sogar das schließliche Heil des Dämonen zu implizieren: „Der Fleisch gewordene Gott hat alles, was gesagt wurde, vollbracht, den Menschen vom Laster befreit und den Urheber des Lasters selbst geheilt."

Am Beginn des 5. Jahrhunderts zeigt sich der hl. Hieronymus sehr zögerlich und verficht widersprüchliche Positionen, die nicht frei von praktischen Nachgedanken sind. So bekräftigt er im Kommentar zum „Epheser-Brief" die Existenz einer sehr konkreten Hölle mit richtigem Feuer und richtigen Würmern. Aber 410, im „Isaias-Kommentar", zeigt er sich der Konzeption des Origenes gegenüber aufgeschlossen, wobei er zu verstehen gibt, daß es zweifelsohne nicht gut wäre, diese Wahrheit unters Volk zu bringen, das der Drohung mit einer ewigen Hölle bedarf, um beim Guten zu bleiben: „Man erklärt, daß man über diesen Punkt Schweigen bewahren müsse, um jene in Furcht zu halten, für die die Furcht ein Mittel ist, die Sünde zu fliehen. Was uns betrifft, müssen wir Gott die Sorge hinsichtlich der Grenzen überlassen, die er seiner Barmherzigkeit zu setzen hat und genauso den Qualen. Es ist seine Sache zu bestimmen, wen, wie und wann er bestrafen soll." (In Esaiam XVIII)

Der praktische Nutzen einer physischen und ewigen Hölle als Drohung mit einer letztendlichen Strafe, um die Gläubigen auf dem rechten Pfad zu halten, ist vielleicht der Hauptgrund für das Scheitern der origenistischen Strömung. Die Furcht vor der Hölle wird bis ins 20. Jahrhundert das zentrale Argument der kirchlichen Autoritäten sein. Andererseits kann der Triumph der rigoristischen Auffassung auch mit dem Einfluß des Strafrechts im spätantiken Imperium erklärt werden, das beträchtliche Verschärfung erfährt. Es ist ja in dieser Epoche, daß die Kirchenväter schreiben, die den bürokratischen und formalistischen Konzeptionen ihrer Umgebung unterliegen. Die Geschichte des Gerichts und der Strafen im Jenseits verläuft seltsam parallel zu der der menschlichen Gerichtsbarkeit.

Beim hl. Cyprian, der in einer Zeit der Verfolgung schreibt – er selbst wird 258 enthauptet –, wird das Bild von der Hölle sogar mit einem gewissen Jubel als die große Vergeltung an den heidnischen Verfolgern gezeichnet. Ihre Qualen werden zur Freude der Erwählten vergrößert: „Was für ein großer Tag wird der Tag des Gerichtes sein! Da wird der Herr sich anschicken, sein Volk zu prüfen und mit der Genauigkeit der göttlichen Erkenntnis die Verdienste eines jeden erkennen, um die Schuldigen in die Gehenna zu schicken und unsere Verfolger zu den ewigen Gluten der rächenden Flamme zu verurteilen, uns dagegen den Lohn für unseren Glauben und unsere Frömmigkeit zu bezahlen... Wenn dieses Ereignis eintreten wird, wenn der Ruhm Gottes über uns erstrahlen wird, werden wir glücklich und froh sein, von der Güte Gottes geehrt zu werden, während jenen Anklage und Unheil zuteil wird, die Gott verlassen oder gegen ihn revoltiert haben. Damit taten sie den Willen des Teufels, so daß sie notwendiger Weise, vom unauslöschlichen Feuer gequält, beim Teufel sein werden!" (Brief 58, 10)

Nach Hyppolit von Rom, Athanasius, Cyrill von Jerusalem und Cyrill von Alexandrien wird die Hölle erst beim Jüngsten Gericht beginnen; aber es ist möglich, daß die Verdammten in der Zwischenzeit abgesondert und ihnen die Martern vorgeführt werden, die sie erwarten. Diese Väter diskutieren des langen und breiten über die Natur des Höllenfeuers: Es handelt sich um ein materielles Feuer, das zugleich auf den auferstandenen Leib und die Seele einwirkt, das keines Brennstoffes bedarf und das den Körper ganz wiederherstellt, indem es ihn verzehrt. Für Gregor von Nazianz gibt es in Wirklichkeit zwei Feuer, eines, das reinigt, ein zweites, das bestraft.

Im 4. Jahrhundert propagiert der hl. Johannes Chrysostomus eine sehr strenge Konzeption: Die Hölle ist sowohl physisch als auch ewig, und alle Heiden sind ohne Ausnahme für sie bestimmt, denn sie können nur Böses tun, da sie nicht durch die Taufe erlöst wurden. Fall sie doch Gutes tun, dann nur entweder aus natürlicher Veranlagung, und dies bringt keinerlei Verdienst, oder aus Prestigesucht, und damit handelt es sich nur um Stolz: „Denn wenn Himmelsversprechen und Höllenfurcht die Menschen nur mit Mühe bei der Tugend halten, werden sie jene, die an gar nichts glauben, noch viel weniger üben. Und gibt es doch welche, die dies zu tun scheinen, so handeln sie ihres Rufes wegen: sobald aber einer, der seines Rufes wegen handelt, sich unbeobachtet fühlt, wird er sich jedes Mal ohne Zurückhaltung seinen üblen Verlangen ausliefern." (1. Predigt über Johannes 28, 2) Und was das betrifft, daß vergängliche Fehler in alle Ewigkeit bestraft werden, so ist es nur völlig normal: Bestraft nicht auch die menschliche Justiz Verfehlungen eines Augenblicks mit dauernden Strafen? Diesem Andauern entspricht im Jenseits eben die Ewigkeit.

Es blieb dem hl. Augustinus (354–430) vorbehalten, die mehr oder minder definitive Konzeption der christlichen Hölle in ihren großen Linien zu formulieren. Das Ansehen, das er in der ganzen weiteren Geschichte der Kirche beständig genießen wird, verleiht seinen Ideen eine besondere Bedeutung. Seine Werke sind Publikationen einer Kontroverstheologie, die die Dinge beachtlich verschärfen. In Reaktion auf die heidnische Kritik und die nachsichtigeren Strömungen entwickelt er eine sehr rigoristische Lehre. Ihm zufolge werden alle Heiden als Opfer der Erbsünde zur ewigen Hölle verdammt, alle ohne Taufe gestorbenen Kinder, alle Christen, die in der Sünde verharren. Die eigentliche Hölle wird zwar erst beim Weltgericht beginnen, aber bis dorthin leiden die Verdammten bereits, wie es die Parabel von Lazarus und dem bösen Reichen zeigt. Ihre Qualen werden mit dem Ende der Welt noch vermehrt. Dazu dient v. a. Feuer, materielle Flammen, die Leib und Seele verbrennen, ohne sie zu verzehren. Augustinus sah auch ein vorläufiges Reinigungsfeuer für die nicht vollkommen Guten vor sowie ein weniger brennendes ewiges Feuer für die nicht vollkommen Schlechten.

Gegen Ende der patristischen Epoche existieren also gleichzeitig zwei einander ergänzende Vorstellungen von der Hölle nebeneinander: eine volkstümliche, die auf den Apokalypsen und Apokryphen aufbaut und die im Mittelalter durch die Visionen der Mönche weiterentwickelt und bereichert werden wird, und eine intellektuelle Konzeption, in der viele Fragen offen bleiben und die von den Scholastikern präzisiert und verfeinert werden wird.

3. *Die Hölle in den Visionen der Mönche*

Die traditionelle christliche Höllenvorstellung verdankt viel dem Mönchtum, das das Heil in sehr restriktiver Weise betrachtet: Der Himmel ist einer Tugendelite vorbehalten, die Mehrzahl der Menschen jedoch verfällt der Verdammnis. Seit seinen Anfängen hat das Mönchtum eine Meditation über die Hölle entwickelt, basiert seine asketische Existenz doch auf einer zwanghaften Furcht vor den Mächten des Bösen. Die Masse der Mönche, die sich oft aus enttäuschten Geistern zusammensetzte und unter dem Eindruck volkstümlicher Glaubensvorstellungen in einem geschlossen Milieu lebte, neigte zu Wundergeschichten und Aberglaube, worin der Versucher, der Teufel, eine zentrale Rolle spielte.

Im 6. Jahrhundert verwendet etwa der hl. Caesarius von Arles, ein Mönch der Abtei Lérins, der Erzbischof geworden war, in seinen Predigten ausführlich die Höllenfurcht, was von manchen bereits als Übertreibung betrachtet wird. Folgendermaßen läßt er sich in einer seiner Homelien aus: „Geliebte Brüder, ich bitte und ermahne euch in großer Demut, daß keiner von euch Unwillen gegen mich fasse oder vielleicht meine, es sei nicht richtig oder nützlich, wenn ich mich so oft bemühe, euch beizubringen, daß der Tag des Gerichtes gefürchtet werden muß, daß er Gegenstand eines heilsamen Schreckens ist... Vielleicht sagt da einer: ‚Warum wird uns unablässig derartig Hartes gepredigt?‘ Weil es vorzuziehen ist, hier auf Erden ein wenig Bitterkeit zu erleiden und danach in die ewige Freude einzugehen, als hier eine falsche Freude zu besitzen und im Jenseits Martern ohne Ende."

In den Klöstern hält sich die Tradition der visionären Reiseberichte in die Unterwelt, die auch in historische Werke eingefügt werden, um ihnen größere Authentizität zu verschaffen. So enthält etwa die im frühen 8. Jahrhundert entstandene „Kirchengeschichte des englischen Volkes" des hl. Beda Venerabilis, eines Mönchs des angelsächsischen Klosters Jarrow, vier Höllenvisionen: die eines irischen Mönches namens Furseus, dessen Seele den Leib verläßt und unter der Führung eines Engels die Hölle besucht; die des Drycthelm, eines Mannes aus Northumberland, der, eines Abends verstorben, am Morgen wieder auferweckt wird; die eines Heerführers des Königs von Mercien; und die eines Mönches, der sich nicht an das monastische Leben hielt. Jede dieser Geschichten hat, wohlverstanden, ein moralisches Ziel. Als etwa Drycthelm an den Höllenschlund gelangt, sieht er von dort riesige Flammen und Funkengarben in die Höhe steigen – es sind die Seelen der Verworfenen, die so in die Luft geschleudert werden. „Lange verblieb ich so im Schrecken, wußte nicht, was zu tun, noch was mir geschehen sollte. Da hörte ich plötzlich hinter mir einen entsetzlichen und verzweifelten Klagelaut, von einem furchtbaren Lachen begleitet, so als verspotte ein Volk seine gefesselten Feinde. Als der Lärm stärker wurde und näher kam, sah ich eine Schar böser Geister, die fünf heulende und stöhnende Menschenseelen mit sich in die Tiefe der Finsternisse schleppte, wobei die Dämonen lachten und frohlockten. Darunter erkannte ich einen Mann mit einer Tonsur wie ein Geistlicher, einen Laien und eine Frau. Die bösen Geister zogen sie in die Mitte des Feuerschlundes, und, da sie darin versanken, konnte ich das Weinen der Menschen und das Lachen der Teufel nicht mehr unterscheiden. Nur mehr ein chaotischer Lärm war zu hören..." (5,12)

Unter den Vision derselben Epoche sei noch jene eines Mönches von Wenlock zitiert, die ein anderer Mönch, nämlich der hl. Bonifatius, erzählt, und jene frühere des Abtes Sunniulf, die vom hl. Gregor von Tours überliefert wird. In beiden kommt das Motiv der Brücke vor, die die Glut überspannt.

Origineller erscheinen die Visionen irischer Mönche, die inhaltlich einen lange Zeit von Rom unabhängigen Katholizismus widerspiegeln. Einer der berühmtesten Texte ist die Seereise der hl. Brandan, die ohne Zweifel aus dem 9. Jahrhundert stammt. Sie erzählt, wie dieser Mönch nach einer langen Schiffsfahrt zu einer finsteren Insel gelangt, die aus ausgedörrten Felsen besteht, von denen der Lärm von Blasbälgen und Schmiedehämmern ertönt. Auf einer Insel ist Judas Iskariot angekettet, der eine wöchentliche Ruhepause von den Höllenmartern genießt, die von Samstagabend bis Sonntag nach der Vesperzeit dauert. Er erzählt von seinen sorgfältig eingeteilten Torturen: „Ich werde mit Herodes, Pilatus, Annas und Kaiphas gequält. Montags werde ich auf ein Rad genagelt und muß mich in Windeseile drehen. Dienstags werde ich auf eine Egge gelegt und mit Felsen beschwert: schaut meinen Körper an, wie er durchbohrt ist. Mittwochs koche ich im Pech, wovon ich so schwarz geworden bin, wie ihr seht; dann werde ich auf einen Spieß gesteckt und gebraten wie ein Stück Fleisch. Donnerstags werde ich in einen Abgrund gestürzt, wo ich zu Eis werde; und es gibt keine größere Pein als diese große Kälte. Freitags werde ich enthäutet, gesalzen, und die Dämonen schütten geschmolzenes Kupfer und Blei in mich hinein. Samstags werde ich in einen scheußlichen Kerker geworfen, wo der Gestank so groß ist, daß ich mir das Herz aus dem Leib erbrechen würde, wenn nicht das Kupfer, das ich trinken mußte, das verhindern würde. Und sonntags bin ich hier, wo ich mich erhole." Die Vorstellung einer wöchentlichen Ruhepause trifft man auch in Italien, wo man im 11. Jahrhundert in der vulkanischen Gegend von Puzzuoli jeden Samstag sieht, wie Vögel von erschreckender Schwärze aufsteigen: Es sind dies die Seelen der Verdammten, die sich ausrasten dürfen.

Auch bei dem vom Mönch zum Papst gewordenen Gregor d. Gr. († 604) finden sich mehrere Visionen, die die Szene mit der Brücke enthalten, dort aber überspannt sie einen stinkenden, schwarzen Fluß, der von Dämonen wimmelt. Gregor überliefert auch den Bericht eines gewissen Stephanus, der irrtümlicherweise in die Hölle kam und den Satan auf die Erde zurückschickte, als er dieses Versehen bemerkte.

Im 12. Jahrhundert nimmt die Zahl der monastischen Visionen deutlich zu. Zu den wichtigsten gehört die des Knaben und späteren Benediktiners Alberich von Settefrati (um 1130 aufgezeichnet). Eine Taube holt seine Seele aus dem im Koma liegenden Leib; der hl. Petrus und zwei Engel führen sie in die Hölle. Dort schaut er die schrecklichen Strafen, die den begangenen Vergehen entsprechen: So werden die Frauen, die ihren Kindern nichts zu essen gaben, an den Brüsten aufgehängt, an denen Schlangen saugen. Auch die Seele des vornehmen Iren Tundal besucht, als dieser im Koma liegt, die Hölle in Begleitung seines Schutzengels. 1149 von einem irischen Mönch in Regensburg aufgeschrieben, sollte diese besonders pittoreske Vision manche Künstler inspirieren, namentlich die Brüder Limburg, die in dem „Sehr reichen Stundenbuch des Herzogs von Berry" (1413/16) eines ihrer zentralen Bilder in einer Miniatur verewigen werden: In der Tiefe der Hölle ist Satan auf einem Rost über glühenden Kohlen angebunden, ein haariger Riese, der sich vor Schmerzen windet und mit seinen Tausenden von Klauen ganze Scharen von Seelen aufs Geratewohl zerquetscht, wobei er andere mit seinem brennenden Pestatem in gewaltige Höhen hinaufwirbelt. Die Vision des Tundal übertrifft jede Phantasie: Ein Höllental etwa ist gefüllt mit glühenden Kohlen und wird von einem glühenden Deckel verschlossen, auf den die Vater- und Brudermörder stürzen. Sie zerschmelzen, laufen wie Fett von den Rändern hinab, steigen als Dampf wieder in die Höhe, um sich zu erneuern und neuerlich hinabzustürzen. Die unkeuschen Mönche und Nonnen werden von einem Monster mit Eisenschnabel in einem gefrorenen See verschlungen, von diesem verdaut und in Gestalt von Exkrementen ausgeschieden. In ihrem Inneren wachsen Schlangen heran, die ihre Haut durchbohren, um ins Freie zu gelangen. Andere Verworfene werden zur Weißglut erhitzt, geschmolzen und mit Hammerschlägen zusammengeschmiedet.

Im späten 12. Jahrhundert beschreibt ein englischer Zisterzienser aus Saltrey das Purgatorium des hl. Patricius: Der Eingang befindet sich in einer Höhle, die von der volksläufigen Überlieferung der Zeit auf einer Insel im Loch Dergh lokalisiert wurde und ungeachtet der Zurückhaltung der Kirche bis in unsere Tage ein Wallfahrtsort bleiben sollte.

Solche Höllenvisionen sind ziemlich zahlreich; 1060 sammelt der Mönch Otloh von St. Emmeram in Regensburg davon ein ganzes Buch, den „Liber visionum". Zum Jahre 1206 erzählt der Mönch Roger von Wendover von der Abtei Saint Albans die Schauung des Thurkill, eines Bauern aus der Diözese London, usf. Die meisten dieser Berichte dienen dazu, spezielle Verfehlungen zu geißeln; andere haben auch eine politische Funktion, indem sie die Gegner in die Hölle versetzen. So wird z.B. Karl Martell, der Großvater Karls d.Gr., in Visionen des 9. Jahrhunderts in der Unterwelt gezeigt, da er sich an Kirchengut vergriffen hatte.

4. Die Hölle der Theologen

Ernster und nüchterner stellt die Hölle der Theologen eine rationale Konstruktion dar, die auf der „Bibel" fußt, jedoch deutlich Einflüsse des Rechts und der Philosophie übernimmt. Im 12. und 13. Jahrhundert werden die Konzepte genauer: Mit der Dialektik erwächst die Sorge um Präzision und Differenzierung; das kanonische Recht gelangt mit Gratian und Petrus Lombardus zu einem verfeinerten Studium individueller Fälle; das Zivilrecht, wie es die Legisten nach dem Modell des römischen Rechts entwickelten, wird klarer und präziser. Nun waren jene Theologen, die über die Konzeption der Hölle arbeiteten, oftmals im Zivil- und Kirchenrecht graduiert. Um 1141 teilt Gratian in seinem Dekret die Menschen in vier Kategorien ein: die Guten, die Bösen, die nicht ganz Guten und die nicht ganz Bösen. Um 1155 unterscheidet Petrus Lombardus in seinen vier „Sentenzenbüchern" Abstufungen der Bosheit und entwirft ein differenziertes System der Höllenstrafen.

Nach Vorbild des irdischen Königs ist Gott vor allem Richter. Seit dem zwölften Jahrhundert nimmt diese Funktion den ersten Platz ein, wie etwa die Portalskulpturen der Kathedralen und Kirchen bezeugen: Christus Judex in Conque (um 1130), in Autun, in St. Denis. Im 13. Jahrhundert erweitert sich die Szenerie: Das höchste Gericht wird zu einem formal wohlgeordneten Prozeß, bei dem die Apostel und Engel assistieren, der heilige Michael die Seelen abwägt und Maria sowie Johannes interzedieren. In seinen Predigten gibt der Benediktiner Julian von Vézelay (* ca. 1160) dem Jüngsten Gericht eine sehr juristische Form mit Zeugen, Strafanträgen, Urteilssprüchen; die Strafen haben den unerbittlichen Charakter der Verurteilungen, die von den Tribunalen der Feudalherren gefällt werden. So wie in diesen ist Gott Richter und Partei zugleich, denn die Sünden sind Verbrechen, die gegen ihn begangen wurden.

Im 13. Jahrhundert werden die Formen der Vergeltung individualisiert, es verfestigt sich die Unterscheidung zwischen läßlichen und Todsünden, wobei nur letztere in die Verdammung führen. Die Rolle der Geistlichkeit als Fürsprecher wird gestärkt, denn die Lossprechung in der seit 1215 obligatorischen Beichte und das Bußsakrament führen zur Absolution von der Sünde. Die Kirche hält so die Schlüssel zur Hölle und zum Paradies in Händen.

Auch wo es nicht gerade einen Katalog der Todsünden gibt, werden in Abhängigkeit von der kulturellen Entwicklung bestimmte als besonders schwer beurteilt. In den ersten Jahrhunderten, zur Zeit der Verfolgungen, galt der Glaubensabfall als zur Verdammung führende Sünde. In der merowingischen Epoche, als die Kirche versuchte, ein Minimum an sozialer Ordnung durchzusetzen, wurden die Angriffe auf diese schwer getadelt: Caesarius von Arles betrachtet als Hauptsünden Mord, Diebstahl, Trunkenheit, Zorn, falsche Aussage und Sakrileg. Mit dem Aufstieg von Rittertum und Handel treten Hochmut und Habgier an die erste Stelle, und unter dem Einfluß der Mönche bevölkern sich die Höllenvisionen mit Stolzen, Gierigen und Unkeuschen, das heißt mit den Antithesen der drei Mönchsgelübde Demut, Armut und Keuschheit.

Unter den klassischen Quästionen, die von den Theologen diskutiert werden, findet sich, beängstigend, jene nach der Zahl der Verdammten. Die Tendenz ist ausgesprochen pessimistisch: „Es gibt nur wenige Gerettete", schreibt Thomas von Aquin, und sein Zeitgenosse, der hl. Bonaventura (1217–1274), meint, wobei er eine vom Zivilrecht inspirierte Formulierung verwendet, „es gibt mehr Verworfene als Auserwählte, damit deutlich werde, daß das Heil als besondere Gnade ergeht, während die Verdammung aus der gewöhnlichen Rechtsprechung resultiert."

Auch die Lokalisierung der Hölle macht Probleme. Wenn sich am Anfang des zwölften Jahrhunderts bei Honorius Augustodunensis in Wiederaufnahme der Meinung seines berühmten irischen Landsmannes des neunten Jahrhunderts, Johannes Scotus Eriugena, die Ansicht findet, die Hölle sei gewiß etwas Seelisches und könne nicht in der materiellen Welt lokalisiert werden, so findet dies wenig Verbreitung. Die Mehrzahl der Autoren verlegt die Hölle in die Tiefen der Erde und sucht den Eingang zu ihr in Irland oder auch auf Sizilien oder in Süditalien, wenn sie einer auf der Autorität Gregors des Großen basierenden Tradition folgt. In der Mitte des zwölften Jahrhunderts erklärt der genannte Julian von Vézelay, daß die Verdammten wegen des Ätna „ethnici" (Heiden) genannt werden. Thomas von Aquin, dessen rationaler Geist vor diesem Problem in Schwierigkeiten kommt, versucht die Frage zu umgehen, indem er in der „Summa Theologiae" schreibt, „daß Körperloses [wie Seelen] nicht in irgendeinem uns bekannten und gewohnten Ort sind, so wie wir sagen, daß es Körpern eigen ist, an einem Ort zu sein. Sie befinden sich trotzdem nach einer für geistige Substanzen passenden Weise an einem Ort, der uns schlichtweg nicht bekannt sein kann." (Suppl. 69, a. 1)

Was die Torturen betrifft, die die Verdammten erleiden, so geben sie unzähligen Spekulationen Raum, bei denen die Theologen nur schlecht ihre Phantasie zu meistern verstehen. Eine der berühmtesten Einteilungen ist jene des „Elucidarium" (Lichtbringer) des Honorius Augustodunensis, der sich neun Martern vorstellt: Feuer, Kälte, Riesenschlangen, Gestank, taubmachender Lärm, Finsternis, so dicht, daß man sie berühren kann, Scham, der Anblick der monströsen Dämonenvisagen und die die Verdammten fesselnden glühenden Ketten. Hinter solchen Aufzählungen steht die Sorge, das bloße Leid an sich zu evozieren, das die fünf Sinne und das Gewissen ergreift.

Die am deutlichsten rationalisierten Überlegungen über die Hölle finden sich im 13. Jahrhundert zweifelsohne bei Thomas von Aquin. Allerdings ist eine gewisse Verlegenheit des Dominikaners hinsichtlich verschiedener Punkte zu verspüren, so was die Lokalisierung betrifft, wie eben erwähnt. Außerdem behandelt er die die Hölle betreffenden Fragen zerstreut über verschiedene Werke, in der „Summe gegen die Heiden" (1263/64), im „Traktat über das Böse" (1266/67) und in der „Summa Theologiae", die er vor seinem Tod 1274 nicht vollenden konnte.

Thomas verheimlicht seine Geringschätzung für Visionen und andere Berichte von aus der Hölle zurückkehrenden Wiedergängern nicht; nur die Vernunft, die sich auf die Schrift stützt, kann uns Erkenntnis über die Natur dieser Orte schenken. Der Theologe bemüht sich, alle die großen Fragen zu beantworten, die sich aufwerfen: wann, wo, wie, für wen, für wie lange? Und schließlich die quälende Frage: warum?

Wann? Sogleich nach dem Tod als Ergebnis des individuellen Gerichts über die Seele; dem Weltgericht wird nur der Rang einer offiziellen Zeremonie der Verkündung der Resultate zugesprochen. Wo? „Wie an einem Ort" (quasi in loco). Wie? Die Verdammten erleiden zwei Torturen: die Qual der Verdammung (im Sinne von Gottesferne) und den sinnlichen Schmerz. Erstere, die rein geistig ist, ist unvorstellbar, aber fürchterlich: Es ist das Bewußtsein, auf ewig von Gott getrennt zu sein. Die zweite wird vom Feuer vollzogen, von einem Feuer, das von Gott speziell dazu erschaffen wurde, um Seele und Körper zugleich zu verbrennen. Was die verschiedenen Martern betrifft, von denen die Schriften sprechen, so sind sie in spirituellem Sinne zu verstehen. Für wen? Für alle, die im Zustand einer Todsünde aus dem Leben gehen. Jene, die ohne Taufe sterben, Kinder und Heiden, kommen in die Vorhöllen, wo sie nur die Strafe der Verdammung erdulden, wenn ihr einziger Makel in der Erbsünde besteht.

Für wie lange? Auf alle Ewigkeit, was notwendigerweise zur letzten Frage führt: Warum? Oder genauer: Wie ist es möglich, daß ein unendlich guter Gott seine eigenen Geschöpfe zu ewig dauernden Qualen verurteilen kann? Thomas bietet zahlreiche Rechtfertigungen an, und diese Anhäufung ist an sich schon ein Hinweis auf seine Verlegenheit. Die gegebenen Begründungen haben in der Tat einen logischen Charakter, sind von einer kalten, abstrakten Logik und ungeeignet, ein Problem zu beantworten, dessen Wesen nicht rational, sondern gefühlhaft ist. Unendliche Liebe einerseits, logischer Formalismus andererseits: Fragen und Antworten befinden sich nicht auf derselben Ebene, und die scholastischen Erklärungen des hl. Thomas werden die Gegner der Hölle niemals überzeugen können.

Diese Argumente sind freilich zahlreich: Die Todsünde stürzt das Ordnungsprinzip des Universums selbst um, ist eine nicht gutzumachende Verfehlung, deren Sanktion nur ewig sein kann; sich in den Zustand der Todsünde zu versetzen heißt, sich willentlich in eine Situation zu begeben, aus der man mit eigener Kraft nicht mehr entkommen kann, heißt, das Geschöpf außerhalb des Schöpfers zu stellen – ein absoluter Akt, eine definitive Wahl mit ewigen Folgen, wenn das Geschöpf ewig lebt und demnach ewig bestraft werden muß. Die Strafe ist proportional zur Würde der beleidigten Person: den unendlichen Gott zu beleidigen, verdient also unendliche Strafe; die endliche Kreatur vermag aber nicht mit unendlicher Intensität zu leiden – daher muß die Kompensation eine unendliche Dauer sein.

Was die Dogmatik betrifft, d.h. die offizielle Darlegung des Glaubens, behält sie von solchen Spekulationen nur das Essentielle, und dies so umsichtig wie spät: Die „ewigen Peine" werden in einem Credo des 4. Jahrhunderts, der „Fides Damasi", zum ersten Mal erwähnt, und im Jahre 543 verurteilt das Konzil von Konstantinopel die Apokatastasis-Lehre als häretisch. Die Existenz der Strafe der Verdammung und jener der Sinne wurde überhaupt erst von Papst Innozenz III. 1201 verkündet; erst das IV. Laterankonzil 1215 und das Konzil von Lyon 1274 haben sich über die Ewigkeit der Strafen ausgesprochen. Das Konzil von Florenz 1439 verkündete schließlich offiziell, was die Theologen schon seit langem lehrten: „Die heilige Römische Kirche glaubt fest, bekennt und verkündet, daß kein Heide, kein Jude, kein Ungläubiger und niemand, der von der Einheit [mit Rom] getrennt ist, am ewigen Leben teilhaben wird. Vielmehr wird er in das ewige Feuer stürzen, das dem Teufel und seinen Engeln bereitet ist, wenn er sich nicht vor dem Tode wieder mit ihr verbindet." Damit ist die offizielle christliche Hölle in aller Klarheit präsent. Schon ruft sie Nachahmungen, Kritik und Nuancierungen hervor.

VI. Die Abkömmlinge der christlichen Hölle

Sehr ausdifferenziert, wenn auch nicht perfekt definiert, stellt die christliche Hölle im Mittelalter den Prototyp, das unumgängliche Modell dar, das sich dem individuellen Gewissen und den Religionsgründern aufdrängt. Seit dem 7. Jahrhundert orientieren sich „Koran" und islamische Tradition ausführlich daran, rezipieren aber v. a. die volkstümlichen Aspekte und erweisen sich als sehr zögerlich, was das zentrale Problem der Ewigkeit betrifft. Innerhalb des Christentums selbst bestreiten häretische Bewegungen mehr oder weniger radikal die offizielle Hölle, die sich seit dem 12. Jahrhundert noch um eine endliche „Filiale" erweitert, nämlich das Fegefeuer.

1. Die islamische Hölle: das Gericht

Der „Koran" enthält eine sehr elaborierte Höllenlehre, in der sich Elemente nahöstlicher Mythologie mit jüdischen und christlichen Glaubensvorstellungen vermischen. Während das „Neue Testament" in bezug auf dieses Thema sehr vage blieb, was in der Lehre des Christentums zu zahlreichen Schwankungen führte, begünstigt die einfache, konkrete und genaue Lehre des „Koran" einen einheitlichen und soliden Glauben. Aber die sehr bildreichen Ausdrücke des Propheten werden später Stein des Anstoßes, so daß es für die Theologen notwendig wird, eine allegorische Interpretation zu erarbeiten.

So wie in den anderen Religionen sind die symbolischen Bilder immer mehrdeutig: Dazu gedacht, das Unausdrückliche zu suggerieren, werden sie oft infolge der buchstäblichen Interpretation quasi zu einer Projektionsleinwand. Dort aber, wo der „Koran" präzise Bilder verwendet, wirft ihre sinnbildliche Interpretation durch die liberaleren Gottesgelehrten sehr delikate Probleme auf, umso mehr, als sich eine lange Tradition von „hadîth" (Prophetenaussprüchen), „gâss" (Predigten), „tafsîr" (Kommentaren) und apokryphen Schriften daran anschließt.

In großen Zügen ist das Schicksal des einzelnen im Jenseits folgendermaßen festgelegt: Nach dem Tod wird die Seele des Verstorbenen, der „nafs", von zwei drohenden Engeln, Nakîr und Munkar, über ihren Glauben befragt. Wenn sie die „schahâda", das Glaubensbekenntnis, nicht aufsagen kann, wird sie mißhandelt. Man zeigt ihr ihren zukünftigen Platz in der Hölle, und ihr Aufenthaltsort im Grab, dessen Wände sich aufeinander zubewegen, wie um sie zu zerquetschen, ist bedrückend und beängstigend: dies ist die „Prüfung der Gräber". Beim Weltende erfolgt zum Klang der Trompete des Engels Isrâfil die allgemeine Auferstehung. Alle Menschen werden auf einer unendlichen Ebene versammelt, wo eine unerträgliche Hitze herrscht. Nach einer Wartedauer von bis zu 40 Jahren wird jeder einzelne öffentlich von Allah gerichtet, wobei sein persönliches Buch, in dem alle Taten seines Lebens aufgezeichnet sind, konsultiert wird. Dazu kommt die Wägeprobe: Auf der einen Schale befinden sich alle Handschriften, in denen die Sünden verzeichnet sind, auf der anderen ein einfacher Papierstreifen, worauf die „schahâda" geschrieben steht, die die Entscheidung durchsetzen kann. Der gläubige Muslim ist damit auffallend im Vorteil: Selbst wenn er verdammt wird, kann er immer noch auf die Gnade Allahs hoffen, wenn er zu den „fâsiq" zählt, einer ziemlich schlecht definierten Gruppe, die der „Koran" an der Grenze zwischen Paradies und Hölle ansiedelt. Bestimmte Texte sprechen auch von einer haarschmalen und schwertscharfen Brücke al-Sirat, die die Bösen, von Dämonen ergriffen, nicht überqueren können.

2. *Die islamische Hölle: die Strafen*

Die Verdammten werden von Dämonen in die Hölle geschleift. Dieser Ort, über den Malik herrscht, besitzt einen klassischen Aufbau, in dem die Zahl sieben und deren Vielfache entscheidend ist: sieben Pforten und sieben Stockwerke, in deren jedem sich die Hitze jedesmal versiebzigfacht, wenn man hinabsteigt. Das alles soll von siebzigtausend Engeln gezogen werden. Am Eingang hält Malik siebzigmal Appell. Es gibt verschiedene Namen für die Hölle, wobei die geläufigsten lauten: An-rar (das Feuer), Sagar (der Ofen), Tschananam (eine Ableitung von Ge-hinnum, Gehenna).

Die wesentliche Strafe ist das Feuer, und die schlimmsten Sünden werden in den unteren Stockwerken bestraft. Wie im Christentum hat auch hier die Überlieferung die Martern vervielfacht: Schandkrägen aus Feuer, Kleider aus brennendem Teer, Pantoffeln aus glühendem Eisen, weißglühende Metallsärge, brennende Kohlen unter den Fußsohlen, die das Hirn kochen lassen, Drachen mit Feuerkrallen, ein Feuerozean voller Riesenskorpione, deren Stiche jedesmal für zehn Jahre heftigst brennen.

Die Gesamtanlage ist gigantisch: Würde man einen Stein vom oberen Stockwerk hinunterwerfen, bräuchte er siebzig Jahre, um zum Grund zu gelangen. In Raum und Zeit ist hier alles maßlos vergrößert: Die Leiber der Verdammten sind auseinandergezogen, um mehr Fläche für jede Art von Tortur zu bieten; was immer getan wird, dauert Jahrhunderte, wogegen die Zeit im Paradies zusammengezogen ist. Die Verdammten können die Erwählten auch sehen und ihr Glück beneiden. Die Strafe der Gottesferne dagegen wird nicht erwähnt.

Was die Frage der Dauer betrifft, so ist sie nicht eindeutig entschieden. Die höllische Ewigkeit wird im „Koran" mit dem Terminus „ahkab" bezeichnet, der eigentlich eine Periode von siebzig Jahren meint, jedoch im Plural kann das Wort auch so viel wie Ewigkeit bedeuten. Andererseits läßt Vers 11,107 des „Koran" ein Ende erhoffen: Die Hölle wird „ewig dauern wie Himmel und Erde, vom Willen deines Meisters abgesehen, denn dein Meister tut, was er will."

Im Gegensatz zum Christentum ist die Zukunft also nicht im voraus determiniert, und jeder kann seine eigene Idee über die endgültige Entscheidung haben: Während die Schule Ibn-Safwans bekräftigt, daß die Hölle eines Tages zerstört werden wird so wie jede andere geschaffene Realität und daß Allah also seine absolute Einsamkeit wiedererlangen wird, beharren andere dagegen auf der Ewigkeit der Qualen.

3. Die Häretiker und die Hölle

Im mittelalterlichen Christentum traf der Höllenglauben auf einen kontinuierlichen Widerstand in häretischen Kreisen und namentlich bei Manichäern und Katharern.

Diese Strömung erwuchs aus der großen Familie gnostischer Anschauungen und ist nicht eine einfache Abweichung vom Christentum, sondern besitzt eigene Ursprünge im Schnittpunkt der griechisch-persischen Kultur und der Mysterienkulte des ersten Jahrhunderts unserer Zeitrechnung. Grundlegend war hier die Konzeption eines Dualismus von Geist und Körper bzw. von Gut und Böse, wobei beide Sphären von einer gleich mächtigen Gottheit beherrscht werden. Der gute Gott hat die spirituelle Welt geschaffen, der böse die materielle, in der die Seele gefangengehalten wird. So betrachtet, ist die Hölle das gegenwärtige Leben bzw. ist sie für die Seele die Tatsache, in der Welt festgehalten zu sein, an einen Körper gekettet zu sein mit der einzigen Perspektive der Reinkarnation. Dieser Entwurf trifft sich schlußendlich mit jenem des Lukrez in seiner existentiellen Angst. Die Welt ist ein Ort absurder Agitation und bösen Naturgesetzen unterworfen. Jeder Moment zerstört hier den vorhergehenden in einem unentrinnbaren Todesmarsch.

Die seit dem dritten Jahrhundert aus der gnostischen Bewegung entstandenen Manichäer beschreiben diese höllische

Welt als „Welt der Dunkelheit, die von bösartigen Mächten beherrscht wird und Höllenangst einflößt". Eine ihrer Hymnen ruft so den Gott des Geistigen an:

„Oh errette mich aus diesem tiefen Nichts, aus dem finsteren Abgrund, der Verzehrung ist, der nur Qual und Verletzung bis zum Tode ist, und wo weder Erlöser noch Freund sich finden! Nie und nimmer gibt es hier Heil. Alles ist von Finsternissen erfüllt ... alles ist Gefängnis, es gibt keinen Ausgang. Alle, die hier ankommen, werden mit Schlägen verletzt. Von Trockenheit dürr, von sengendem Wind verbrannt, findet man hier nie eine Spur von Grün. Wer wird mich hieraus befreien und aus allem, was mich verwundet, und wer mich vor der Höllenangst erretten?"

Für die Gnostiker besteht das Heil in einer Initiation in die wahre Erkenntnis, die wahre Erkenntnis, die jedem seine höhere Natur enthüllt. Für Mani wird beim Ende der Welt jedes materielle Element auf alle Ewigkeit in eine Kugel eingeschlossen und ebenso jene Seelen, die nicht gereinigt wurden. Für eine andere gnostische Strömung, die der Ebioniten im Judenchristentum, werden die Bösen einfach vernichtet.

Katharer und Albigenser haben als Erben dieser Strömung reichlich variable Höllenvorstellungen. Die große Untersuchung des Inquisitors Jacques Fournier in Montaillou im frühen 14. Jahrhundert zeigt, daß man im südwestlichen Frankreich glaubt, die Seelen irrten nach dem Tode eine Zeitlang umher und gelangten dann an einen Ruheort. Beim Weltuntergang werden alle gerettet; die Hölle existiert nur mehr für die Dämonen, für Judas und, wie manche meinen, für die Juden. Die Hölle ist für die Gläubigen die Situation der in einen Körper eingeschlossenen Seele. Am Ende der Welt wird das Heil allgemein sein. Durch die Verschmelzung der vier Elemente kommt es zu einem allgemeinen Weltenbrand, in dem auch das Böse verschwinden wird. Nach einem anonymen Text um 1250 leugneten die italienischen Katharer überhaupt die Existenz der traditionellen Hölle aus dem guten Grunde, daß, wenn die Welt von Luzifer geschaffen worden war, dieser kaum einen Marterort für sich selbst und die seinen einrichten konnte.

Schließlich lassen gelegentlich von Predigern gemachte Bemerkungen erkennen, daß auch Skeptiker existierten: Nach Julian von Vézelay (12. Jahrhundert) leugneten manche Christen die Existenz der Hölle, eine Beobachtung, die im 14. Jahrhundert durch den englischen Einsiedler Richard Rolle bestätigt wird. Aber mehr als die Hölle wurde das Fegefeuer Objekt verschiedener Kritiken.

4. Die Geburt des Fegefeuers

In einem berühmten Buch hat Jacques Le Goff die Ursprünge der Fegefeuervorstellung dargelegt, die sich seit der Epoche der Kirchenväter entwickelte. Die Dichotomie Hölle – Paradies scheint faktisch manchen zu brutal und zu radikal zu sein. Die Mehrzahl der Gläubigen ist doch bei ihrem Tode nicht in einem Zustand, daß sie die Hölle verdienen würde, aber auch nicht in einem, daß sie sich der Seligkeit der Erwählten erfreuen könnte, welche eine absolute Reinheit zur Vorbedingung hat. Daher die Idee einer Reinigungszeit, einer Reinigung von den läßlichen Sünden durch ein Fegefeuer, das vom höllischen Feuer verschieden ist. Es erscheint auch in den Visionen der Mönche, wie etwa im Purgatorium des hl. Patricius.

Für die einen korrespondiert das Fegefeuer mit der oberen Hölle, die man auch häufig in den heidnischen Vorstellungen der in Stockwerke aufgeteilten Unterwelt findet. Für die anderen entspricht das Purgatorium der „Bibel"-Stelle von „Abrahams Schoß", jenem Ort der Ruhe und Erwartung, in dem sich die gerechten Verstorbenen vor der Ankunft Christi befanden. Da diese danach ins Paradies kamen, waren diese Orte nun zu neuem Gebrauch verfügbar.

Diese Idee verbreitete sich nach und nach und empfing einen zusätzlichen Anstoß durch den Fortschritt im Rechtswesen, von dem schon die Rede war, insofern es eine Verhältnismäßigkeit zwischen Delikten und Bestrafungen forderte, sowie den Aufstieg der bürgerlichen Schichten, der seit dem 11. Jahrhundert beginnt. Das Buch unserer guten und bösen Taten gleicht mehr und mehr einem kommerziellen Rechnungsbuch. Im späten 12. Jahrhundert wird dieses System gut durch Radulfus Ardens zusammengefaßt: „Jene, die wirklich gut waren, gehen nach dem Tod sogleich in die Ruhe ein und haben unsere Gebete und Opfergaben nicht nötig; vielmehr sind es wir, die von ihnen Wohltaten empfangen. Jene, die mittelmäßig gut waren und aufrichtige Beichte und Buße geleistet haben, werden in Fegefeuerorten gereinigt, da sie noch nicht vollkommen rein sind. Für diese sind ohne Zweifel die Gebete, die Almosen und die Messen hilfreich. Es handelt sich nicht um neue Verdienste nach dem Tode, von denen sie profitieren, sondern um die Folge ihrer früheren Verdienste. Jene, die gänzlich verdammt sind, haben es nicht verdient, aus diesen Wohltaten Nutzen zu ziehen. Aber wir, meine Brüder, die wir nicht wissen, wer sie nötig hat und wer nicht, wer davon profitieren kann und wer dies nicht zu tun vermag, wir müssen Gebete, Almosen und Messen für alle darbringen, einschließlich jene, bei denen wir uns nicht sicher sind. Für die vollkommen Guten sind dies Danksagungen, für die Mittelguten Sühneopfer, für die Verstoßenen sozusagen Tröstungen der Lebenden. Schließlich, ob dies nun für jene, für die geopfert wird, hilfreich ist oder nicht, in jedem Fall ist es hilfreich für die, die solches in Frömmigkeit tun ... also bemüht sich der, der für andere betet, um sich selbst." (Migne, Patrologia latina 155, 1485)

Im frühen dreizehnten Jahrhundert macht Papst Innozenz III. in einer Allerheiligenpredigt den Reinigungsort für die nicht verdammten Sünder zu einem offiziellen Punkt der Lehre, und 1274 gibt ihm das Konzil von Lyon eine dogmatische Formulierung. Das Aufkommen des Fegefeuers verstärkt die Macht der Kirche in ihrer Position als Mittlerin zwischen Gott und den Menschen beachtlich durch das System des Ablasses. Die Fegefeuerstrafen können durch das Aufsagen von Gebeten und das Feiern von Messen reduziert werden, wobei letztere nach einem strengen Tarifkatalog zu kaufen sind. Das Fegefeuer wird rasch zum Handelsobjekt innerhalb eines kommerziellen Kreislaufs, der für den Klerus lukrativ ist. Speziell die Kaufleute setzen den Rat des hl. Lukas in die Praxis um: „Macht euch Freunde mit Hilfe des ungerechten Mammons, damit ihr in die ewigen Wohnungen aufgenommen werdet, wenn es mit euch zu Ende geht." (16, 9)

Diese Verstärkung der Macht der Kirche und die finanzielle Ausbeutung einer geistlichen Realität gehören zu den Gründen für die heftige Opposition der häretischen Bewegungen dem Fegefeuer gegenüber. Dafür gibt es zum Beispiel in Arras seit dem 11. Jahrhundert Belege. 1134 wird ein gewisser Heinrich, ein Schüler des Petrus von Bruys, festgenommen, da er die Existenz des Fegefeuers leugnete, und einige Jahre später wendet sich Bernhard von Clairvaux heftig gegen jene „perfiden Seelen", jene „ungebildeten Bauern", die der Fegefeuer-Lehre widersprechen. Am Ende dieses Jahrhunderts werden die Waldenser aus denselben Gründen von Bernhard von Fontcaude angegriffen. Im vierzehnten Jahrhundert stößt man in Norditalien auf ähnliche Widerstände, und die Rolle, die die Ablaßaffäre für den Ausbruch der Reformation im frühen sechzehnten Jahrhundert gespielt hat, ist wohl bekannt. Das Höllenthema und alles, was mit ihm zusammenhängt, wird freilich auch Objekt der Ausnützung in anderen Bereichen.

VII. Die Funktionalisierung der Hölle vom Mittelalter zum 16. Jahrhundert

Vielmehr als das Paradies bietet sich die Hölle für eine Ausnutzung durch die Phantasiewelt des Menschen dar. So sehr die Künstler, Moralisten und Prediger in Verlegenheit sind, wenn es darum geht, die ewige Glückseligkeit zu evozieren, die die reinen Geister genießen, so sehr steht ihnen eine ausführliche Erfindungsgabe zur Verfügung, wenn es um die Beschreibung der Qualen geht. Im Falle des Paradieses wird schließlich jeder Genuß, der zu fleischlich wirkt, als unpassend und inadäquat beurteilt, was die Palette der Möglichkeiten beträchtlich einschränkt. Das Vergnügen der Erwählten macht oftmals den Eindruck, todlangweilig zu sein, und ungeachtet der Bemühungen der Prediger wirkt die Visio Beatifica eher einschläfernd.

Der Vorteil der Hölle ist es, daß jeder Exzeß der Phantasie erlaubt ist, nachdem alle beschriebenen Strafen nur stets unter der Realität bleibende Bilder darstellen, die dazu dienen, ein an sich nicht vorstellbares Leiden zu beschwören. So erklärt am Beginn des 18. Jahrhunderts Vinzenz Houdry in einem Handbuch zur Abfassung von Predigten, „La bibliothèque des prédicateurs“: „Schließlich ist die Warnung überflüssig, daß eine Übertreibung, die der christliche Prediger sonst allenthalben zu vermeiden hat, in diesem Punkte nicht zu befürchten ist, denn der menschliche Geist vermag die Größe der Höllenstrafen nicht einmal zu begreifen.“

Künstler, Schriftsteller, Prediger haben damit jede Freiheit, das schrecklichstmögliche Bild der Torturen im Jenseits auszumalen, dessen einziges Ziel die Erweckung eines heilsamen Schreckens vor der Hölle darstellt. Seelen zu retten, indem ihnen die Furcht vor der Verdammung vorgeführt wird – unter dem Vorwand dieses lobenswerten Zieles hat die Katechese mit der Angst jeden Exzeß legitimiert, von den sadistischen Entdeckungen der volkstümlichen Literatur bis zu den ängstlichen Irritationen der Mystiker, aber sie hat auch die Realisierung einiger Hauptwerke des menschlichen Geistes erlaubt.

1. Die Hölle der Künstler

Es waren die Bildhauer, die als erste in größerem Maßstab die Schrecken des Höllenjenseits den Gläubigen im Rahmen des Weltgerichts vorstellten. Das 12. Jahrhundert, das die Festlegung fundamentaler Elemente der Lehre genauso sieht wie die Abfassung der wichtigsten monastischen Visionen, entrollt auf den Tympana der Westwerke der Kirchen die majestätischen Szenen der Trennung von Erwählten und Verdammten, wobei letztere von einer Schar von Teufeln und phantastischen Tieren zum monströsen Höllenschlund geschleppt werden, wie es etwa in Beaulieu, Conques, Corbeil, Saint-Denis, Laon, Chartres und Paris zu sehen ist.

Diese in den meisten Fällen noch relativ nüchterne Szene erweitert sich im 13. Jahrhundert, wo die Strafarten präziser und individueller werden. In Reims etwa werden die Künstler phantasievoller und behandeln die Tradition mit einiger Freiheit: Das Thema der Waage erscheint, und der Teufel selbst hockt auf der Schale der Sünden; die Verdammten werden durch das Attribut ihrer Verfehlung identifizierbar, wie z. B. der Geizige, an dessen Hals die Geldbörse befestigt ist. In Bourges entfachen die Dämonen das Feuer, Kröten hängen sich an die Brüste der Frauen.

Im späten Mittelalter (14. bis 16. Jahrhundert), in einer von Kriegen, Krankheiten, Hungerepidemien, Revolten, Satanismus, sozialen und religiösen Konflikten gezeichneten Epoche der Katastrophen und Umwälzungen, scheint die höllische

Welt zu eskalieren und bisweilen auf die Erde überzugreifen. In den Miniaturen der Handschriften erreichen die von den Visionen der Mönche inspirierten Folterszenen einen Grad hoher, quasi dokumentarischer Präzision. Die ausgesprochen pittoreske irische Vision des Tundal dient als Quelle für die Höllenschilderung in dem genannten Stundenbuch des Herzogs von Berry, während der Pariser Buchhändler und Drucker Vérard im den Höllenstrafen gewidmeten Kapitel seines Erbauungsbuches „Die Kunst, gut zu leben und gut zu sterben" (1492) die Szenen der „Paulus-Apokalypse" wiederholt, in denen die Hauptsünden ihre entsprechende Bestrafung finden: Schlangen und Kröten nagen am Geschlecht der Unkeuschen, die Völler verzehren ihre eigenen Glieder, die Stolzen werden durch die Radstrafe gepeinigt, dem Symbol des wechselhaften Glückes, die Zornigen werden in Stücke gehauen, die dann wieder zusammengeschmiedet werden, die geizigen in flüssiges Metall getaucht und von Mammon auf einen Bratspieß gesteckt, die Trägen von geflügelten Monstren verschlungen und wiederausgeschieden, die Neidischen abwechselnd in einen Eisfluß und einen Feuersee getaucht, so daß sie auf ewig das gegenteilige Los beneiden müssen. Diese Vision wird durch den gedruckten „Schäferkalender" weit verbreitet und um 1500 in enormer Größe und erschreckend halluzinationsartiger Eingebung auf einem Fresko in der Kathedrale von Albi reproduziert.

In dieser Zeit zeigt auch die spätgotische Skulptur größere Raffinesse in ihren Darstellungen, wobei sie denselben Inspirationsquellen folgt: etwa die auf das Rad gehefteten Verdammten in Saint-Maclou in Rouen, die sich um 1470 in der Kathedrale von Nantes wiederfinden, wo die Dämonen die Leiber der Sünder zusammenschweißen. In der Bretagne konnte man mehr als 50 Höllendarstellungen in Kirchen und Kapellen des 15. und 16. Jahrhunderts zählen, die bisweilen, wie etwa in Kernascléden (1460/64) mit einer gewissen Verve gestaltet sind.

Diese Szenen, die trotz allem am Ende des Mittelalters

etwas stereotyp erscheinen, werden von der großen Kunst der Renaissance erneuert und umgeformt. In Italien inspiriert sich Orcagna (2. Drittel 14. Jh.) an der großartigen Vision Dantes, von der später Fra Angelico, Paolo di Neri, Sandro Botticelli einzelne Elemente verwenden werden. Mit Signorelli und v. a. Michelangelo nimmt die Szene der Verdammung tragisch-irdische Dimensionen an, wobei mythologische Elemente wie der Nachen des Charon integriert werden.

Dieser Aspekt ist bei den Niederländern und Flamen noch deutlicher. Während die gewiß sehr eigenständigen Kompositionen eines van Eyck oder Memling, die uns zeigen, wie die zusammengedrängte Menge blasser, feingeformter Körper in den Feuerberg gestürzt oder von dem zwischen den unmäßig gespreizten Beinen eines Skeletts gelegenen Feuerofen verschlungen wird, in der Tradition der Buchmalerei stehen, bezeugen die Tafeln eines Hieronymus Bosch und der Familie Brueghel die Verpflanzung der Hölle auf die Erde. Hier handelt es sich nicht mehr um ein religiöses Thema; die Hölle wird Conditio humana, in einer halluzinativen Form im Triptychon „Garten der Lüste" des Hieronymus Bosch, in einer realistischeren Gestalt mit düsteren Landschaften, die von abstoßenden Siechen bevölkert und von Bränden wie Massakern durchsetzt sind, bei den Brughels (von denen einer zurecht den Namen „Höllenbrueghel" trägt).

Interessanterweise verschwinden die Höllenszenen seit dem 17. Jahrhundert weitestgehend aus der bildenden Kunst, wo die Verdammten bei Rubens zu den letzten Schöpfungen dieser Art zählen. Die Kirche in der katholischen Reform bemühte sich nämlich darum, in diese visionären Exzesse Ordnung zu bringen. Die Korrektheit der Lehre wird von da an das zentrale Kriterium, das Durcheinander der Genera muß beendet werden: Die Elemente der heidnischen Mythologie sind auszuscheiden, und die Hölle ist wieder im Jenseits zu lokalisieren. Das Ideal der Ordnung und der klassischen Komposition, die die Ordnung Gottes, die auf Erden herrschen soll, repräsentieren, passen schlecht zu den schamlosen und teuflischen Visionen des 16. Jahrhunderts. Die Hölle verschwindet in dem Augenblick aus der Ikonographie, in dem die Phänomene des Hexenwesens und seiner Unterdrückung verschwinden.

2. Die Hölle als literarisches Thema

Die Hölle ist ein Hauptthema eines der bedeutendsten literarischen Werke des Mittelalters, der „Divina Commedia", der „Göttlichen Komödie" Dante Alighieris, die, wenn auch nicht ganz zweifelsfrei, zwischen 1308 und 1320 datiert wird. Mag die Höllenvision auch nur ein Drittel des Textes umfassen, so ist sie doch der stärkste Abschnitt darin und hat das Bild der gesamten Dichtung für die Nachwelt geprägt. Eine danteske Vision ist immer eine Höllenvision.

Dante greift die Tradition der Reise in die Hölle wieder auf und gibt ihr kraft seines Genies eine unerreichte Größe. Ihre Faszination beruht auf der Kombination einer Bildwelt des Grauens mit logisch-intellektueller Strenge, anschaulicher Symbolik und dogmatischer Strenge. Die Furchtbarkeit der dantesken Welt basiert auf der Ausgewogenheit ihrer Komponenten, indem die unversöhnliche, logische, symbolische und dogmatische Strenge den Strafen eine grausame Wahrscheinlichkeit verleiht. Gegenüber den wirren, ein wenig delirienhaften und wenig glaublichen Visionen der Mönche haben wir hier ein kohärentes intellektuelles Gebäude nach dem Vorbild der „Summa theologiae" des Thomas von Aquin, von dem es die Sorgfalt der Klassifizierung, der Unterteilung und der Strenge nimmt. Was in Dantes Hölle so furchtbar ist, ist, daß die Strafen so subtil den Sünden angepaßt werden, daß man sich nicht ohne heftiges Erschauern fragen muß: warum nicht?

Unter der Führung eines Kenners der Materie, nämlich Vergil, betritt Dante zunächst den Vorraum der Hölle, wo sich die Menge der Feigen und Unentschlossenen, der Lauen, jener, die niemals den Mut besaßen, sich eine Sache zu eigen zu machen, befindet: In alle Ewigkeit gehen sie im Kreis, einer Fahne folgend und von Wespenstichen gepeinigt, ohne jedes Ziel. Dann betritt man die obere Hölle, außerhalb der Mauern der Stadt des Dis, wo sich in fünf Kreisen diejenigen befinden, die durch mangelnde Beherrschung gesündigt haben. Im ersten Kreis, den Limben, sind alle, die keine Taufe erhielten. Sie leiden nicht, sehnen sich aber nach dem Glück, daß sie nicht erreichen können. Hier weilen, abgesehen von den Kindern, all die Berühmtheiten der heidnischen Antike von Homer bis Euklid und von Plato bis Horaz. Dann trifft man in Reihenfolge der Schwere der Sünden auf den Kreis der Unkeuschen, der Völler, der Geizigen und Verschwender und der Zornigen.

Sodann muß man den Stygischen Sumpf überwinden, um in die innere Hölle zu gelangen, die Stadt des Dis, wo die aktiven Sünder eingeschlossen sind in vier in Unterabteilungen separierte Kreise: Kreis der Häretiker, der Gewalttäter, das heißt jener, die anderen gewaltsam Schaden brachten, wie Aggressoren gegen den Nächsten, gegen sich selbst, also Selbstmörder, gegen Gott, das heißt Religionsfrevler, gegen die Natur, das heißt Homosexuelle, und gegen die Kunst (Wucherer).

Nach dem Überschreiten einer großen Barriere gelangt man in den achten Kreis, den der Betrüger, das heißt jener, die Menschen betrogen, die ihnen nicht ausdrücklich ihr Vertrauen schenkten: Verführer, Ehebrecher, Simonisten (Käufer von Kirchenämtern), Wahrsager, Hehler, Schwindler, unredliche Ratgeber, Zwietrachtsäher und Fälscher. Jede dieser Gruppen befindet sich in einer „Bolgia", einem konzentrischen Graben.

Im neunten Höllenkreis, dem der Verräter, jenseits der Region der Riesen, gelangt man zu jenen, die Personen Schaden brachten, die ihnen ihr Vertrauen geschenkt hatten: Verräter gegen ihre Eltern (Unterabteil des Kain), gegen ihre Heimat (Unterabteil des Antenor), gegen ihren Gastfreund (Unterabteil des Ptolomäus) und gegen ihre Wohltäter (Unterabteil des Judas).

Das Zentrum der Hölle im Mittelpunkt der Erde schließlich besteht aus dem gigantischen Luzifer selbst, der für alle Ewigkeit Judas Iscariot zerkaut, den Verräter und Verdammten par excellence. Die Hölle in ihrer Gesamtheit hat die Form eines riesigen Trichters, der eine ganze Halbkugel beansprucht und auf den Nabel Luzifers hinführt. Die Struktur der tiefer und tiefer werdenden Kreise, die den schwerer und schwerer werdenden Sünden, die mehr und mehr in der Seele verwurzelt sind, entsprechen, ist selbst symbolhaft.

Die Verdammten erfahren in der Tat das Geschick, das sie gewählt haben und das im tiefsten der Natur ihrer Taten entspricht. Dies wirkt tatsächlich als grausame Wahrscheinlichkeit. Die Zornigen zum Beispiel, die sich mit wütenden Bissen zerfetzen, haben während ihres Lebens Erbarmen zurückgewiesen: sie nun zu bedauern, ist unmöglich. Den Dieben, die anderen ihr Gut nahmen, wird nun ihre Persönlichkeit genommen, da sie sich unablässig verwandeln müssen. Sie sind nicht mehr als Schatten, die von Schlangen gebissen werden.

Feuerstrafen gibt es erst in den letzten Kreisen, aber am schlimmsten ist es im neunten, wo die Verräter im Eis des gefrorenen Kokytos gefangengehalten werden. Nur der blaugefrorene Kopf schaut heraus, an dem bloß der grauenerfüllte Blick Leben zeigt; diese Wesen sind wie gelähmt, erstarrt in ewigem Todesschweigen, wie die Sünde ihr Herz hatte erstarren lassen. Als Dante Fragen an sie stellt, hindert die Kälte sie, Antwort zu geben, und die Tränen gerinnen ihnen auf den Augen.

Hier gibt es zahlreiche historische Persönlichkeiten, darunter mehrere Päpste, wie Cölestin V. unter den Lauen und Nikolaus III. unter den Simonisten. Mohammed befindet sich nicht bei den Häretikern, sondern bei den Zwietrachtsähern, von einem Dämon ewiglich in zwei Teile gehauen: „Kein Faß, verliert es Dauben oder Boden, wird so zerfetzt, als wie ich einen sah, gespalten von dem Kinn bis zu dem After. Es hingen ihm die Eingeweide zwischen den Beinen; Herz und Leber gleich dem Sacke, der, was man schlingt, in Kot verwandelt, sah man. Noch heftete auf ihn ich meine Blicke, da riß, mich anschauend, er die Brust sich auf und sagte: ‚Sieh hierher wie ich zerberste; also verstümmelt siehst du Mahomet. Ali geht vor mir her und weinet laut, gespalten im Gesicht vom Kinn zum Wirbel. Und all die anderen, die du hier gewahrst, sie sähten lebend Zwietracht aus und Spaltung, drum sind sie hier, so wie du siehst, gespalten. So richtet uns ein Teufel zu dort hinten, der jeden, der vorbeikommt nach der Reihe die Schneide seines Schwertes fühlen läßt, sooft den Weg der Schmerzen er beendet: denn zugeheilt sind jedesmal die Wunden, eh wir im Kreise wieder zu ihm kommen.‘ (28, 22 f. übersetzt von K. Witte)

Seit dem 15. Jahrhundert wird das Höllenthema in etwas zwiespältiger Weise behandelt. Antoine de la Sale (1385 – ca. 1460) schildert es in seinem Reiseroman „Das Paradies der Königin Sibylle" (1420) als Ort zweifelhafter Natur: Man genießt dort verbotene Freuden, nämlich die des Fleisches, ohne zu leiden und ohne Gewissensbisse. Paradies und Hölle vermischen sich in einer für moderne Begriffe chaotischen Realität (vgl. die Tannhäuser-Legende). Etwas später riskiert François Villon bei der Erwähnung des Aufenthalts der Gerechten des „Alten Testamentes" in der Unterwelt eine Kühnheit, indem er sagt: „Mich dünkt, sie brannte der Hintern kaum." Aber in seinen Epitaphen wird er etwas kleinlaut und bittet Christus: „Schütze uns, damit die Hölle nicht über uns Gewalt erlange!" Am Beginn des 16. Jahrhunderts liest man etwa auch in den „Briefen des Grünen Liebenden" des Jean Lemaire de Belges von einem Höllenabstieg, aber hier handelt es sich um die Unterwelt der griechisch-römischen Mythologie. Rabelais wird dann eine burleske Parodie der Jenseitsreisen im 30. Kapitel des zweiten Buches seines „Gargantua und Pantagruel" aufführen. Epistemon, mit Hilfe des Diakackmuspulvers seines Freundes Panurg wiederbelebt, berichtet, was er gesehen: diese Hölle ist ein ganz gemütlicher Ort, wo die Teufel „gute Gesellen" unter der Leitung eines recht umgänglichen Luzifers abgeben. Jeder führt dort ein geruhsames und simples Leben, wobei seine Rolle das gerade Gegenteil von dem darstellt, was sie auf Erden waren: Diogenes, der in Luxus lebt, wird von Alexander dem Großen bedient; der reiche Epiktet amüsiert sich mit Mädchen; König Cyrus bettelt; Villon handelt mit Xerxes und pißt ihm in seinen Kübel, da er seinen Senf zu teuer verkauft. Caesar und Pompeius arbeiten als Schiffsteerspritzer und Cleopatra als Zwiebelverkäuferin. Gewiß, kühne Impertinenz, aber doch bezeichnend für ein neues geistiges Klima: schon „grinst die Blasphemie unter der Maske der Biederkeit" (F. Rapp).

Tatsächlich hatte schon etwas früher Erasmus von Rotterdam jede Realität der Höllenqualen geleugnet und geschrieben, daß letztere „in der steten Angst bestehe, die die gewohnheitsmäßige Sünde begleitet". Die Sorbonne verlangte daraufhin höchst aufgebracht, daß der Humanist seine Meinung im ewigen Feuer bestätigen solle (1526). Diese Idee wurde jedoch aufgenommen und etwa 1542 von dem Dominikaner Ambrosius Catharin wiederholt. Schließlich, am Ende des Jahrhunderts, erklärte Jean Bodin in den „Gesprächen über die verborgenen Geheimnisse", „wenn Gottes Erbarmen größer ist als seine Strenge, kann letztere keine ewige Dauer besitzen".

Dies sind gewiß vorläufig nur Reflexionen exzeptioneller Intellektueller. Trotzdem, was das Niveau der gewöhnlichen Gläubigen betrifft, beginnen die Prediger zu bemerken, daß die Höllenfurcht nicht mehr das ist, was sie einst war.

3. Die Hölle im Dienste der Pastoral mit der Angst

Lange Zeit hindurch hatten die Mitglieder der katholischen Kirche die Tendenz gehabt, die Hölle für Heiden, Ungläubige und Häretiker zu reservieren. Nur ganz nach und nach wurde die Gewißheit des Heils für alle Christen speziell durch die Predigt der Mönche erschüttert und von einer dumpfen Unruhe ersetzt, von der frühe Züge etwa in der westgotischen Liturgie des siebten Jahrhunderts aufscheinen. Das „Bobbio-Missale" (8. Jahrhundert) enthält ein Gebet für den Verstorbenen, auf daß er „dem Strafort, dem Höllenfeuer, den Flammen des Tartarus entkomme und in die Region der Lebenden gelange".

Diese Unruhe manifestiert sich auch im Brauch, die Toten so nahe wie möglich bei einem Heiligtum zu bestatten, wo sich die Reliquien eines Märtyrers oder Heiligen befinden, dessen Gegenwart die Mächte des Bösen vertreiben kann, die den Verstorbenen in die Hölle zu schleppen versuchen. Fränkische Grabinschriften bezeugen diese Sorge. So liest man auf einem Sarkophag von 515 in Vienne: „Der, dessen Knochen in diesem Grab ruhen, verdiente, in der Nähe der Heiligengräber zu sein. Daß doch die Schrecken des Tartarus und die grausamen Strafen ihm erspart bleiben mögen!"

Die Pastoral des Schreckens, wie sie schon in großem Maßstab von Caesarius von Arles praktiziert worden waren, wird im 12. Jahrhundert zum System, und zwar wieder einmal im monastischen Bereich, wo die Idee einer durch ihr asketisches Leben geretteten Elite und einer unvergleichlich größeren verdammten Mehrheit gepflegt wird. Plastik, Malerei und Predigt vereinen sich, um die Gläubigen zu terrorisieren. Und da es nicht unbedingt genügt, wenn ein Mensch sich selbst in Schrecken versetzt, sprechen die Prediger öffentlich von ihrem Entsetzen: „Drei Dinge erschrecken mich", erklärt um 1150 Julian von Vézelay, „und mein ganzes Inneres zittert vor Furcht, werden sie nur genannt: der Tod, die Hölle und das künftige Gericht." Etwa zur gleichen Zeit schreibt Wilhelm von Saint-Thierry in seinen meditativen Gebeten, daß er, als er die Hölle besuchen wollte, im Geist von einem Engel dorthin gebracht wurde. Aber an der Pforte angekommen, erschrecken ihn Heulen und Zähneknirschen so sehr, daß er sie nicht mehr betreten wollte.

Der hl. Bernhard von Clairvaux (1090–1153) hat seine Furcht mehrfach im Laufe seiner Predigten zum Ausdruck gebracht: „Ich habe Angst vor der Unterwelt, Angst vor dem Antlitz des Richters, das sogar den Gewalten der Engel Schrecken einflößt. Ich erbebe vor dem Zorn des Mächtigen, vor dem Blick seiner Wut, vor dem Dröhnen der zusammenstürzenden Welt, vor dem Feuersturm der Elemente, vor dem mächtigen Ungewitter, vor der Stimme des Erzengels und vor dem harten Wort. Ich erbebe vor den Zähnen der Höllenbestie, dem Bauch der Hölle, dem Brüllen der [Untiere], bereit zum Verschlingen. Ich schaudere vor dem nagenden Wurm und dem sengenden Feuer, dem Rauch, dem Schwefeldampf, dem Sturmsausen, ich schaudere vor der äußersten Finsternis. Wer wird meinem Haupt Wasser geben und meinen Augen den Tränenstrom, um mit meinem Weinen dem Weinen und Zähneknirschen zuvorzukommen, den harten Fesseln an Händen und Füßen und der Last der Ketten, die niederdrücken, zusammenschnüren und verbrennen, ohne zu verzehren. Weh über mich, meine Mutter. Was hast du mich geboren, ein Kind des Schmerzes…" (Super Cantica 16,5,7, übers. P. Dinzelbacher) „Der Bereich der Hölle ist der Kerker der Verdammten, in dem und aus dem keine Erlösung möglich ist … in diesem Kerker werden aufgrund einer unbegreiflichen Anordnung der Gerechtigkeit die Schandtaten und Untaten durch entsprechende Vergeltungen geahndet, wenn sie während dieses Lebens nicht durch die Arznei der Buße geheilt werden. Eine furchtbare, aber wahre Tatsache, die man nicht ohne den Donner der Gottesfurcht hören kann. Die Qualen der Hölle haben kein Enden, sie erfahren keine Unterbrechung, sie kennen kein Heilmittel." (Sentenzen 3,91, übers. H. Brem)

Im 13. Jahrhundert häufen die Volksprediger wie etwa Jakob von Vitry Exempel auf Exempel, kurze erbauliche Geschichten, die Schrecken verbreiten; der Dominikaner Stephan von Bourbon widmet einen Teil seines Predigttraktates „der Gabe der Ängstigung". Im 14. und 15. Jahrhundert wird dies geradezu inflationär. Die Franziskaner und Dominikaner, die vor ohnehin bereits nervlich angegriffenen, traumatisierten und geschwächten Mengen sprechen – Folge der Katastrophen dieser an Pest, Kriegen, Revolten so reichen Epoche –, betonen die schreckliche Seite der anderen Welt. Der hl. Vinzenz Ferrier, ein „Engel der Apokalpyse" genannter spanischer Dominikaner (1350–1419), donnert gegen die Sünder und versichert: Wenn du dir die Höllenqualen der Verdammten ausmalst, die für alle Sünder bereitet sind, dann, meine ich, wird dir jede Buße, jede Demütigung, jede Armut, alle Mühe schließlich, die du in diesem Leben für Gott ertragen kannst, leicht sein, wenn du dadurch jene grauenvollen Torturen vermeidest." Sein älterer deutscher Ordensbruder Johannes Tauler überbietet das noch: Stell' dir vor, daß viele Tausende Menschen in der Hölle sind, die vielleicht nicht einmal so viel Böses getan haben wie du!" Die Fratres der Bettelorden verbinden mit dem Wort die Gestik: Sie winden sich vor Schmerzen, heulen, beißen sich in die Arme, um zu demonstrieren, wie die Verdammten sich selbst verschlingen. Nur wenige wie der Anonymus von Auxerre denken, daß sie übertreiben und aus Gott geradezu einen „Schlächter" machen.

Andererseits läßt der Mißbrauch der Drohung ihre Effizienz zurückgehen. Hervé Martin, der Verfasser einer bedeutenden Untersuchung über die Predigten im ausgehenden Mittelalter, hat bemerkt, wie viele Geistliche enttäuscht die Wirkungslosigkeit ihrer Predigten konstatieren müssen. Die Zuhörer sind für den Augenblick beeindruckt, aber ihre alltäglichen Gewohnheiten kommen bald wieder zu ihrem Recht. Oder sie fühlen sich überhaupt nicht selbst betroffen, sondern beziehen die Drohungen auf die anderen: „Ach, wie hat er doch gut gegen diesen oder jenen gesprochen"; „oh, wie treffend hat der Redner gegen die Herren und Damen gesprochen" – das sind so die Überlegungen, die von den Klerikern ad notam genommen werden.

Die Periode des Barocks wird dann freilich im Rahmen der katholischen Reform mit nüchterneren Mitteln der Pastoral der Furcht ihre Intensität zurückgeben.

Unter denen, die mit der Hölle vertraut sind, nehmen die Mystiker einen ganz besonderen Platz ein. Ihre extreme Sensibilität und die Intensität ihrer inneren Erfahrungen führen zu traumatischen seelischen Folgen bei einem so erschütternden Thema. In der Regel sind sie nicht in der Lage, dies mit Worten wiederzugeben. Heinrich Seuse (1295–1366) z.B. häuft Bild auf Bild, um die Ewigkeit der Jenseitspeine darzutun und meditiert über sie, um daraus Ermutigung für das Ertragen der Kasteiungen und des asketischen Lebens zu ziehen. Einer seiner Zeitgenossen, der englische Eremit Richard Rolle, ist von Höllenangst besessen; immer wieder reflektiert er in krankhafter Form darüber und bevölkert die Hölle mit allen jenen, die die Fleischessünde verkörpern; als Opfer einer nicht angenommenen und schlecht verdrängten Sexualität assoziiert er diese Sünde mit Höllenvorstellungen: „als Jüngling hatte ich ein sehr feuriges Herz; doch ich sah, wie nichtig das Menschenleben ist; daher knirschen sie mit den Zähnen, lebende Beute der Flammen in schrecklichem Gestank. Alles das habe ich in jenem Alter begriffen, das die Zeit der Liebe ist; und unter der Inspiration des Heiligen Geistes verachtete ich jede Fleischeslust. Ich habe die Zeit dieses Lebens in Buße verbracht, und so werde ich ohne Höllenfurcht sterben können. Ich habe die Frauen gemieden, um nicht von ihren Künsten verführt zu werden."

In ausgewogenerem Maße verwendet die Devotio Moderna des 15. Jahrhunderts, die ihren Gipfel in der Thomas von Kempen zugeschriebenen „Imitatio Christi" erreicht, die Hölle als Tröstung, die dazu dient, die Qualen des gegenwärtigen Lebens zu ertragen und uns im Kampf gegen die Sünde zu helfen. Indem sie die jeder Verfehlung entsprechende Strafte gefällig ausbreitet, lädt sie uns ein, über sie zu meditieren, um so Hilfe für ein tugendreiches Leben zu erlangen.

Dieses Prinzip nimmt im 16. Jahrhundert der hl. Ignatius von Loyola wieder auf, indem er in seinen „Geistlichen Exerzitien" den 5. Teil seiner systematischen Meditation der Hölle widmet, in der die Sinne genauso wie der Verstand angesprochen sind.

„Die 5. Übung ist eine Besinnung über die Hölle, sie umfaßt nach dem Vorbereitungsgebet und zwei Hinführungen fünf Punkte und ein Gespräch. Das Vorbereitungsgebet sei das gewohnte.

Die 1. Hinführung: Zusammenstellung, die hier darin besteht, mit der Sicht der Vorstellungskraft Länge, Breite und Tiefe der Hölle zu sehen.

Die 2.: Das erbitten, was ich will. Hier wird es sein: um inneres Verspüren der Qual bitten, die die Verdammten erleiden, damit mir, wenn ich wegen meiner Fehler die Liebe des ewigen Herrn vergäße, wenigstens die Furcht vor den Qualen helfe, um nicht in eine Sünde zu geraten.

Der 1. Punkt soll sein: Mit der Sicht der Vorstellungskraft die große Gluten sehen und die Seelen wie in feurigen Leibern.

Der 2.: Mit den Ohren Gejammer, Geheul, Schreie, Lästerungen gegen Christus, unsern Herrn, und gegen alle seine Heiligen hören.

Der 3.: Mit dem Geruch Rauch, Schwefel, Unrat und Faulendes riechen.

Der 4.: Mit dem Geschmack Bitteres schmecken wie Tränen, Traurigkeit und den Wurm des Gewissens.

Der 5.: Mit dem Tastsinn berühren, nämlich auf welche Weise die Gluten die Seele berühren und verbrennen.

Gespräch: Indem man ein Gespräch mit Christus, unserem Herren, hält, die Seelen ins Gedächtnis bringen, die in der Hölle sind; – die einen, weil sie die Ankunft nicht glaubten; – die anderen, weil sie, obwohl sie glaubten, nicht nach seinen Geboten handelten; dabei drei Gruppen machen: – die erste: vor der Ankunft (Christi); – die zweite während seines Lebens; – die dritte: nach seinem Leben in dieser Welt.

Und hierauf ihm danken, weil er mich in keine dieser drei Gruppen fallen ließ, indem er mein Leben beendete. Ebenso, wie er bis jetzt immer so viel Freundlichkeit und Barmherzigkeit mit mir gehabt hat. Mit einem Vaterunser enden." (übers. v. T. Knauer)

In den methodischen Lehrbüchern christlichen Lebens integrieren die geistlichen Ratgeber die Höllenfurcht in ein sehr genaues Verteidungssystem gegen die Sünde. Für den hl. Franz von Sales ist dieses Gefühl die letzte Schutzwehr gegen die Kräfte des Bösen, die gröbste, aber auch die erfolgreichste. Die im geistlichen Aufstieg fortgeschrittene Seele soll sich zwar subtilerer Mittel bedienen, aber wenn die Anfechtungen des Teufels zu stark werden oder wenn man noch Neuling im geistlichen Leben ist, muß man sein Denken auf die höllischen Schrecken konzentrieren. Folgendes rät er in seiner „Einführung in das Frömmigkeitsleben" von 1609 nach einem genauso systematischen Schema, wie es das des hl. Ignatius darstellt:

„Vorbereitung: 1. Versetzen Sie sich in die Gegenwart Gottes.

2. Verdemütigen Sie sich und bitten Sie um seine Hilfe.

3. Stellen Sie sich eine finstere Stadt vor, die ganz in Schwefel und stinkendem Pech entbrennt, voll von Bürgern, die nicht daraus entkommen können.

Betrachtungen:

1. Die Verdammten befinden sich im Höllenschlund wie in dieser unglückseligen Stadt, wo sie unaussprechliche Qualen mit allen ihren Sinnen und Gliedern erleiden, denn da sie alle ihre Sinne und Glieder gebraucht haben, um zu sündigen, werden sie an allen ihren Gliedern und Sinnen die Strafen für die Sünden erleiden: die Augen werden für ihre falschen und bösen Blicke den grauenhaften Anblick der Teufel und der Hölle erleiden; die Ohren werden für ihr Vergnügen an lasterhaftem Gespräch niemals etwas anderes als Weinen, Klagen und Verzweiflung hören – usw.

2. Von allen diesen Torturen abgesehen, gibt es noch eine größere: das ist der Verlust und die Beraubung der Glorie Gottes, die zu sehen ihnen auf ewig verwehrt ist. Wenn schon Absalon die Beraubung des liebenswürdigen Antlitzes seines

Vaters David als unangenehmer als sein Exil empfand, oh Gott – welcher Gram auf ewig der Anschauung deines lieblichen und süßen Antlitzes beraubt zu sein!

3. Bedenken Sie vor allem die Ewigkeit dieser Strafen, was allein die Hölle schon unerträglich macht. Oh weh, wenn schon ein Floh in unserem Ohr, wenn schon die Hitze eines kleinen Fiebers uns eine kurze Nacht so lang und beschwerlich macht, wie grauenhaft wird dann erst die Nacht der Ewigkeit mit so vielen Martern sein! Aus dieser Ewigkeit erwachsen ewige Verzweiflung, Blasphemie und rasende Schmerzen.

Affekte und Vorsätze:

1. Versetzen Sie Ihre Seele mit den Worten des Isaias in Furcht: ‚Wer von uns hält es aus, neben dem verzehrenden Feuer, wer von uns hält es aus neben der ewigen Glut?'

2. Bekennen Sie, daß Sie das verdient haben, und wie oft! Nun, von jetzt an, will ich aber den entgegengesetzten Weg wählen, warum stieg ich in diesen Abgrund hinab?

3. Ich werde daher diese oder jene Anstrengung unternehmen, um die Sünde zu vermeiden, die allein mich diesem ewigen Tod anheimgeben kann.

Danksagung, Opfer, Gebet."

Theresa von Avila ist die letzte große Höllenvisionärin. Diese übersensible und leidenschaftliche Frau, deren Persönlichkeit bis heute für die Historiker beunruhigend und irritierend bleibt, macht um 1560 eine innere Höllenerfahrung durch. Gott, so sagt sie, hat ihr das Schicksal gezeigt, das ihr ihre Sünden verdient hätten, wenn er sie nicht gerettet hätte. Ihre berühmte Vision gehört zu den Höhepunkten der Höllenliteratur; in ihrer Nüchternheit suggeriert sie den absoluten Horror. Die Hölle ist hier nicht ein Schauspiel, sie ist eine gelebte Realität in der Seele, deren finstere Intensität die menschliche Sprache wiederzugeben unfähig ist. Das Ich erstickt in einem ewigen Augenblick und in der Erwartung des vollkommenen Ausgelöschtwerdens, das niemals kommt.

„Der Eingang kam mir vor wie ein sehr langes, schmales Gäßchen, gleich einem sehr niedrigen, finstren und engen

Backofen. Der Boden schien mir wie eine sehr schmutzige Wasserpfütze, die einen pestilenzialischen Gestank ausdünstete und von häßlichem Ungeziefer wimmelte. Am äußersten Ende war eine Vertiefung in der Mauer, einem Wandkasten gleich, in den ich mich hineingepreßt sah. Dieser ganze Anblick, den ich nur sehr unvollkommen geschildert, war noch ein Vergnügen gegen das, was ich an diesem Orte empfand.

Mir scheint, man könne unmöglich auch nur annähernd beschreiben oder begreifen, was ich dort in Wirklichkeit litt. Ich empfand in der Seele ein Feuer, von dem ich gar nicht zu sagen weiß, wie es beschaffen war. Ich habe in meinem Leben schon sehr große Schmerzen erduldet, nach Aussage der Ärzte die größten, die man hienieden erdulden kann; denn zu der Zeit, als ich gelähmt war, zogen sich alle Nerven zusammen. Auch mancherlei andere Leiden habe ich schon ausgestanden, und unter diesen solche, die mir, wie schon gesagt, der böse Feind zugefügt hat. Aber alles dies war nichts im Vergleich mit dem, was ich an jenem Ort empfand, besonders als ich sah, daß die Qualen dort ohne Ende, ohne alles Aufhören dauern würden. Und dies alles war noch nichts gegen den Todeskampf der Seele. Das ist eine Beklemmung, eine Angst, eine so schmerzliche Betrübnis, verbunden mit einem so verzweifelten, peinigenden Mißbehagen, daß ich nicht weiß, wie ich es genug aussprechen soll. Wollte ich sagen, man wollte einem hier unablässig die Seele aus dem Leibe reißen, so ist es noch zu wenig: denn in einem solchen Falle ist es ein anderer, der einem das Leben zu nehmen scheint: hier aber ist es die Seele selbst, die sich zerreißt. Kurz, ich weiß nicht, wie ich dieses innerliche Feuer, diese Verzweiflung bei so ungeheueren Qualen und Schmerzen beschreiben soll. Zwar sah ich nicht, wer mich so peinigt, hatte aber ein solches Gefühl, als ob ich verbrannt und zermalmt würde. Dabei bemerkte ich, daß das innerliche Feuer und die Verzweiflung das Ärgste war. An diesem pestilenzialischen Ort, wo gar keine Hoffnung eines Trostes ist, kann man weder sitzen noch liegen. Dazu ist kein Raum vorhanden, wiewohl man mich in jene lochartige Mauervertiefung gesteckt hatte; denn die Mauern selbst, die schrecklich anzusehen sind, drückten mich zusammen, und alles ist dort zum Ersticken. Da ist kein Licht, sondern alles ist tiefste Finsternis, und ich begreife nicht, wie es möglich ist, daß man trotz des Mangels an Licht alles sieht, was den Augen peinlich sein muß." (Vida 32, 1 ff., übers. v. A. Alkhover)

VIII. Höhepunkt und Infragestellung der Hölle (17. bis 19. Jh.)

Die auf dem Konzil von Trient veranlaßte Reform, die im ersten Drittel des 17. Jahrhunderts nach und nach durchgesetzt wird, kann als richtiggehende kulturelle Revolution bezeichnet werden, die der Kirche ein neues Antlitz gibt, das praktisch bis zu den großen Umwälzungen des 20. Jahrhunderts ihr endgültiges bleibt. Es handelt sich in der Tat um eine breit angelegte Erneuerung der ganzen westlichen Kultur nach den Wirren des späten Mittelalters und der Renaissance. Die Glaubensinhalte werden neu definiert, präzisiert und fixiert. Die Struktur der Kirche erstarrt in einer großen Synthese, die auf die Bedürfnisse der Periode von 1600 bis 1650 antwortet. Ein großartiges Werk, dessen gravierendste Schwäche das Verbot jeder künftigen Änderung darstellt. Seit dem Ende des 17. Jahrhunderts ergibt sich jedoch eine wachsende Verschiebung aufgrund der kulturellen Evolution, die die Quelle der Infragestellung traditioneller Glaubensformen darstellt.

Die Konzeption der Hölle ist dafür eine perfekte Illustration. Nach dem Überschwang des 14. und 15. Jahrhunderts wird diese Glaubensvorstellung sorgfältig gemäß klassischer Gesinnung „in Ordnung gebracht" und vollkommen in das Insgesamt der Dogmatik eingeordnet, so wie es der Kultur der ‚Grand Siècle' entspricht, wobei eine elitäre und restriktive Anschauung den Himmel für eine klein Zahl Erwählter reserviert. Dieses Strenge verstärkt sich sogar noch im 19. Jahrhundert, einer Epoche der Kämpfe, in deren Verlauf sich die Einstellungen verhärten.

Doch schon in den Jahren 1680 bis 1720, während der „Krise des europäischen Bewußtseins", wurde der Höllenglaube infrage gestellt, und zwar vor allem, was sein Grundprinzip der Ewigkeit betrifft. Die Philosophen des 18. Jahrhunderts und die liberalen Christen des 19. zeigen die Inkompatibilität zwischen der Liebe Gottes und einer unendlichen Bestrafung, wogegen die offizielle Kirche ihre Einstellung verhärtet. Langsam verringert sich die Furcht in der Mentalität der Gläubigen, und die jenseitige Hölle wird ein Glaubensrelikt, das im 20. Jahrhundert einer irdischen und rein menschlichen Hölle Platz macht.

1. Die Hölle des Barock

Im Zuge der großen dogmatischen und pastoralen Reorganisation der katholischen Reform wird die Hölle als eine essentielle Komponente ins Räderwerk des Heilsplans integriert. Ihre Rolle ist gleichzeitig seelsorgerisch und eschatologisch: den Christen eine heilsame Furcht einzujagen, um sie von der Sünde abzubringen, und eine Endlösung für die Masse der Ungläubigen, Apostaten, Heiden und Rebellen zu sein, die die göttliche Verzeihung ablehnen.

Die in jener Epoche immer häufiger werdenden Katechismen verfestigen deutlich und mit präzisen und endgültigen Formulierungen den Glauben daran im Denken der Christen. Der Katechismus von Bourges z. B. widmet in seiner Ausgabe von 1736 mehr als zehn Seiten dem Jüngsten Gericht und der Hölle. Hier die wichtigste Stelle:

„Frage: Was ist die Hölle?

Antwort: Jener Ort, an den die im Stande der Totsünde Verstorbenen kommen.

Frage: Wieviele muß man begangen haben, um dorthin zu gelangen?

Antwort: Eine einzige, die man in diesem Leben nicht wahrhaftig bereut hat, genügt, um uns auf ewig zu verderben.

Frage: Wieviele Strafen erleidet man in der Hölle?

Antwort: Sie beschränken sich auf die Qual der Sinne, die Qual der Gottesferne, die Qual der Ewigkeit.

Frage: Was ist bei dieser Bestrafung gemäß der Hl. Schrift zu beachten?

Antwort: 1. Der Ort, der ein schreckliches Verließ ist, ein furchtbares im Zentrum der Erde ausgehöhltes Gefängnis.

2. Die Ketten, die die Füße und Hände der Verdammten einschnüren

und die ihnen jede Hoffnung auf Flucht oder Verteidigung nehmen.

3. Die Gesellschaft, die nichts anderes ist, als die Versammlung aller irdischen Sünder, und zwar von allen die verbrecherischsten, die perversesten und die verachtenswertesten Menschen, die jemals existierten: Ungläubige, Gotteslästerer, Mörder, Zauberer usw. Sie hassen einander, verfluchen einander und wüten gegeneinander.

4. Der Meister dieses traurigen Ortes, d. h. Luzifer mit seinen Teufeln, also diese rasenden und bösartigen Geister voller Wut, schrecklich anzusehen, von unvorstellbarer Häßlichkeit, grausamer Bosheit, deren Tyrannei unerträglich ist, und die einen unversöhnlichen und tödlichen Haß gegen das Menschengeschlecht hegen.

5. Der Ansturm gegen alle Sinne und alle Kräfte: dort werden die von dichter Finsternis niedergedrückten Augen niemehr das Licht sehen; dort sind Tränen, Schluchzen, Zähneknirschen, Schreie und Wehklagen, Stöhnen und Seufzen: dort ist ein unerträglicher Gestank, den die Höllenlöcher in diesen Pfuhl der Welt ausdünsten, in diese Kloake des Universums, und der vom Geruch des Höllenschwefels verstärkt wird; dort werden die Ohren erschüttert von Geschrei, von Klagen, von Verwünschungen, von Flüchen, von Lästerungen; dort werden ein wütender Hunger und ein unerträglicher Durst die Unglückseligen martern und ein nagender Wurm wird ununterbrochen ihr Herz zerfetzen. Was soll man noch über den Feuer- und Schwefelsumpf sagen, in den sie eingetaucht werden und wo sie in alle Ewigkeit brennen?"

So sieht also eine Skizze der Hölle aus.

Der Katechismus detailliert dann die Natur der Verdammungs-, der Sinnes- und der Ewigkeitsqualen und die Natur der Verfehlungen, die zur ewigen Verdammung führen. Das alles ist klar, logisch, karthesisch – mit einem Wort: von klassischem Geist erfüllt. Die Hölle ist sozusagen eine mathematische Notwendigkeit: Hat nicht der berühmteste französische Prediger des 17. Jahrhunderts, Bischof Bossuet, 1687 eine „geometrische Demonstration" in acht Grundsätzen mit Axiomen und Folgesätzen verfaßt, um zu beweisen, daß „Gott nicht davon absehen kann, die Sünde mit einer unendlichen Strafe zu belegen oder wenigstens mit einer gemäß der Leidensfähigkeit, die der Schuldige besitzt"?

Die Prediger integrieren die Hölle in ihre regelmäßigen Predigten, gemäß von in gleicher Weise definierten Regeln und Modellen, die von spezialisierten Handbüchern geboten werden, wie zum Beispiel der „Bibliothek des Predigers" von Vinzenz Houdrie (Anfang 18. Jahrhundert), in der 103 Seiten dem Artikel „Hölle" gewidmet sind. Der Verfasser gibt alle Hilfsmittel an, durch die man die Qualen zu verdeutlichen vermag; er empfiehlt, jedesmal sorgsam den notwendigen Charakter der Hölle zu beweisen, da sie eine unentrinnbare Folge der Liebe und Gerechtigkeit Gottes sei. Die Hölle ist „unendlich vernünftig".

Houdrie bietet auch einen Plan für den Aufbau, der an einer klassischen Abhandlung in drei mal drei Teilen orientiert ist, und reproduziert Hunderte von Beispielen für die Sonntagspredigten:

Einleitung: Ich werde zu Euch von etwas Schrecklichem sprechen.

Erster Teil: die Qual der Verdammnis,

1. verschlimmert von der Größe des verlorenen Gutes,
2. verschlimmert von Intensität der Sehnsucht, sich mit Gott zu vereinen,
3. verschlimmert durch das Nachdenken über die Eitelkeit der Dinge, für die dieser Verlust erfolgte.

Zweiter Teil: die auf das übernatürliche Feuer konzentrierte Qual der Sinne

1. wirkt auf die Seele und den Leib.
2. Es vereint in sich alle möglichen Torturen.
3. Es verursacht unermeßlichen Schmerz aufgrund seiner universellen Ausdehnung.

Dritter Teil: die Ewigkeit dieser zwei Qualen.

1. Diese Ewigkeit ist gerecht und angemessen.
2. Der Gedanke an diese Ewigkeit wird diesen Schmerz unerträglich machen.
3. Die seltsame Verblendung der Menschen, die zu sündigen fortfahren.

Schlußfolgerung: Ändert sogleich Euer Leben!

Die klassische Predigt hält den repressiven Aspekt der Religion für besonders wichtig. Statistiken, die auf Hunderten Bänden der Sammlung christlicher Prediger beruhen, die im 19. Jahrhundert durch den Abt Migne publiziert wurden, zeigen (nach Jean Delumeau), daß der Anteil von Predigten mit „schuld- und schmerzerregender Tendenz" sich zwischen 61 und 84 Prozent der Predigtwerke bewegt. Diese erschöpfen sich darin, die unerträglichen Qualen der Verdammten vorzuführen, häufen Bilder und Vergleiche aufeinander und zögern nicht, gegen Dezenz und guten Geschmack zu verstoßen, um damit realistischer zu wirken. Hier, aus Tausenden und Abertausenden Seiten dieser höllischen Literatur ausgewählt, ein Auszug aus einer Predigt des Jesuiten Pierre Coton aus dem Jahre 1616 über das Thema: „Die Hölle und ihre Strafen". Nach nicht enden wollenden Auslassungen über das Endgericht und seine Inszenierung werden die Verdammten, „stinkende und infame Böcke", deren Körper „schmutzig, stinkend, häßlich, abstoßend, grauenerregend" sind, zu den 1760 unterirdischen Gelassen im Reiche Satans geführt. Es folgt die Darlegung dieser Stätten:

„1. Die Hölle ist ein immerwährendes Gefängnis voller Feuer und unzählbaren schrecklichen Torturen, um jene ewig zu bestrafen, die im Stand einer Todsünde sterben.

2. Die Hölle ist ein finsterer unterirdischer Ort, in der Mitte der Welt gelegen, wo weder Sonne, Mond noch Sterne jemals leuchten und wo das Feuer nichts erhellt, obwohl es brennt.

3. Die Hölle ist ein sehr enger Schlauch um den Nabel der Erde, wo die Körper der Verdammten nicht einmal soviel Raum wie in einem Sarg haben werden und einer auf den anderen geschichtet ist, so wie wir in einem Brennofen einen Ziegel auf dem anderen sehen. Die Hölle ist nach dem heiligen Johannes ein Feuer- und Schwefelsumpf, und die gigantische Hitze, die man dort ertragen muß, ist ohne Hoffnung auf Linderung, weswegen die Schrift vom Zähneknirschen spricht.

5. Die Hölle ist ein Ort, der mit allen Arten von Unrat angefüllt ist; sie ist für die Welt das, was die Abwassergruben für die Häuser sind, die Kloaken für die Siedlungen, die Kielräume für die Schiffe.

6. Die Hölle ist ein Schindanger, wohin die Engel alles Verdorbene der Menschenkörper werfen, die seit dem ersten Mörder und Brudermörder bis zum Antichrist und seinen Anhängern existiert haben.

7. Die Hölle ist eine faulig stinkende Höhle, wo die wiederbelebten Leichen und das verwesende Fleisch der Verdammten einen derartigen Gestank ausstoßen, daß er nicht erträglich sein wird.

8. Die Hölle ist ein von Toben erfülltes Gefangenenhaus, ein Kerker der Verzweiflung, ein Narrenkäfig und ein Irrenhaus.

9. Die Hölle ist eine allseits verschlossene Grube mit ewigen Riegeln, Sperren und Schlössern, und darüber befindet sich das Siegel des Gotteszornes.

10. Die Hölle ist ‚ein unterirdisches Schatzhaus geheimen Feuers zur Bestrafung', wie Tertullian sagt, der sich über jene beklagt, die wollen, daß das, was man darüber erzählt, nur Sinnbilder seien. Zu ihnen zählt der unglückliche Calvin, auf den zutrifft, was bei Isaias 30 steht, wo von Tophet die Rede ist.

11. Die Hölle ist ein ununterbrochener Zustand, in dem die Gottesfeinde zur Bestrafung ihrer Vergehen aller Güter beraubt sind, auf die sie hoffen konnten, und alle Übel erleiden, die sie fürchten konnten.

12. Die Hölle ist eine so gigantische Anhäufung von Foltern, daß alle anderen Qualen, die es gegeben hat, die es gibt, und die es noch geben wird, im Vergleich dazu nichts als Tau sind: Skorpione, Folterbänke, Räder, glühende Harnische, Roste, metallene Stiere, Mühlsteine, Enthäutung, Ausrenken der Glieder, Verstümmelungen, Pfählungen, glühende Helme, Pfriemen, dazu alle Nierenkoliken, Krämpfe, Herzanfälle, Nervenkrämpfe und andere Krankheiten, wie enorm stechend oder schmerzhaft sie auch immer sein mögen."

Nun folgt eine Aufzählung verschiedener Martern: Seite um Seite präsentiert Pater Coton alle Schrecken, die er zu sammeln vermochte, eine Fülle von gepfählten, zerrissenen, verstümmelten, gesottenen, gebratenen Körpern, von in zur Weißglut erhitzten Metalltruhen eingeschlossenen Körpern, von abgeschnittenen Brüsten und Geschlechtsteilen, von Durchbohrten. Zur Ergänzung folgen einige Seiten über die Arten der Wirkung des Feuers, wobei präzisiert wird, daß das alles im Gegenteil zu dem, was der unglückselige Häresiarch Calvin behauptet, keineswegs allegorisch sei. Schließlich wird der Zuhörer, durch diese Masse von Fleisch und Blut und Feuer schon ertaubt, endgültig mit Zahlen fertiggemacht, deren sinnlose Aufhäufung die Ewigkeit suggerieren soll: „Dort werden Dutzende, Hunderte, Tausende, Zehntausende, Hunderttausende, Millionen, Hunderte von Millionen, Millionen von Millionen, Milliarden von Milliarden an Jahren vergehen, und dann beginnt alles von neuem."

Auch der elitären Hofgesellschaft muß man von der Hölle predigen; allerdings hat man dort das Recht auf eine sehr geschönte Version. Bourdaloue, der vor Ludwig XIV. predigte, versichert seinen „lieben Zuhörern" in seiner Predigt über die Hölle: Das gemeine Volk bedarf dieser vulgären Bilder, aber die aristokratische Hölle für den Adel muß raffinierter sein.

Jeder Klasse ihre eigene Hölle: „Dem Volk kann diese Wahrheit mit sinnlichen Bildern vorgetragen werden: Feuersümpfe, Brandschlünde, Schreckensgespenster, Zähneknirschen. Aber Euch, meine lieben Zuhörer, die Ihr, wiewohl von der Welt und vom Fleische, in einem anderen Sinne die Geistigen und Weisen der Welt seid, muß sie in der Einfachheit des Glaubens nahegebracht werden; und zwar in der Weise, daß man Euch ein exaktes Verständnis davon gibt, das Euch zu erbauen vermag."

Michel Hulin hat in seinem Buch „Das verborgene Antlitz der Zeit. Die Bildwelt des Jenseits" gut die tiefere Bedeutung dieser Predigt gezeigt, die darauf hinausläuft, ein Bild des Leidens in seinem reinsten Zustand zu vermitteln, eines zu gleicher Zeit inneren und äußeren Leidens, in dem sie durch Aufhäufung und Raummangel eine Atmosphäre völliger Unterdrückung schafft. Es gibt keine Ruhemöglichkeit, keinen freien Atemzug angesichts des dauernden Bewußtseins von der Ewigkeit dieser Situation. Die christliche Hölle ist wohl das perfekteste totalitäre Foltersystem, das der menschliche Geist sich vorstellen konnte: eine geschlossene Welt des absolut Bösen, logisches Pendant zu einer Religion unendlicher Liebe.

Im 18. Jahrhundert bringt andererseits der Protestantismus Werke gleichen Typs hervor: die Predigten anglikanischer und puritanischer Geistlicher wie J. Donne, R. Baxter, E. Calamy, T. Goodwin, W. Perkins. Der Baptist John Bunyan befindet sich selbst im Banne der Höllenvision, deren Foltern er 1658 in „Einige wenige Höllenseufzer" vorführt. Ein Buch, das es im 17. und 18. Jahrhundert auf 35 Auflagen bringen sollte, während John Milton 1667 sein großes allegorisches Höllenepos „Das verlorene Paradies" dichtete.

Ist es möglich, Höllenvorstellungen von klassischem und von barockem Geschmack zu unterscheiden? Auf diesem Gebiet herrscht keine Übereinstimmung mit dem, was man sonst im künstlerischen bzw. kulturellen Bereich generell feststellen kann. Im 17. und 18. Jahrhundert entwickelt sich der Hauptgegensatz zwischen den sinnlichen und den intellektuellen Höllen. Erstere sind die Höllen für die kleinen Leute, die von einer ihnen angepaßten, brutalen und farbigen Glaubensvermittlung präsentiert werden. Die im 18. Jahrhundert von N. Girard zusammengestellte Sammlung mit dem Titel „Kleine Strafpredigten oder Familien-Instruktionen, vor allem für das Landvolk" gibt eine gute Idee davon: Sie spielt mit allen Registern des Feuereffekts und präsentiert die Verdammten als lebende Öfen: „Ihre Zunge wird wie ein rotglühender Eisenbarren sein; ihre Lippen wie glühende Kupferbleche; der Gaumen in ihrem Munde wie ein brennender Ofen; ihre Zähne wie brennende Erzplatten; ihre Lungen wie Feuerbälge; ihr Magen und Bauch wie ein Schmelztiegel, in dem man die härtesten Metalle verflüssigt."

In derselben Periode fügt ein kleines volkstümliches Büchlein mit dem bedeutungsvollen Titel „Überlege es gut, oder Betrachtung der Vier Letzen Dinge" dem Feuer die Schlangen und Drachen hinzu und bemüht sich zu zeigen, wie die fünf Sinne von den Peinen betroffen werden: „Nach dem Tag des Gerichts werden alle Sinne der Verdammten ihre spezielle Marter bekommen: der Tastsinn wird die verschlingenden Flammen lebhaft verspüren, der Gesichtssinn schreckliche Dinge wie Drachen und grauenhafte Gespenster schauen, der Geschmackssinn wird da von ewiger Bitternis gequält, der Geruchssinn wird den furchtbarsten Gestank verspüren, und die Ohren werden dort Blasphemien, Schreie, Kreischen der Verdammten und den Radau der Dämonen hören, die die Christen verhöhnen werden, weil sie so viele Gelegenheiten und Mittel gehabt haben, ihre Seelen zu retten, und dies doch nicht getan haben."

Diese von den Binnenmissionaren kolportierten Bilder lassen das Land erzittern. Einer der großen Spezialisten ist Pater Julien Maunoir, der zwischen 1642 und 68 in der Bretagne wenigsten 375 Predigtmissionen unternimmt, wobei er sich der revolutionärsten pädagogischen Methoden bedient wie gemalter Tafeln, die die breite und bequeme Straße zur Hölle zeigen. Angst ist sein wichtigstes Argument, wie er selbst angelegentlich seiner Mission in Ouessant berichtet: „Wir sprechen von den Qualen der Hölle und von den Sünden, die die Menschen mitreißen. Die Leute sagen voller Tränen: ‚Oh weh, bislang haben wir wie wilde Tiere gelebt! Guter Gott, wie dankbar müssen wir den Patres sein, die uns aus diesem bejammernswerten Zustand befreit haben!'"

Der gute hl. Vinzenz von Paul ist da nicht zartfühlender. Die Sammlung seiner „Predigten für die Landmission" zeigt ihn uns von einer ungewohnten Seite, nämlich mit Drohungen um sich schleudernd. In seiner Predigt „Von den körperlichen Peinen der Hölle" stellt er diesen Platz dar als gelegen im Zentrum der Erde, eine Kloake von Schwefel und Asphalt, in der sich alle Unreinlichkeiten der Welt versammeln. Ungeachtet der vollkommenen Dunkelheit sieht man dort „die grauenhafte Häßlichkeit der verdammten Körper", „furchteinjagende Geister und Gespenster", „Räder, Rasiermesser, Haken, Roste, Kohlenglut, siedende Kesseln, Drachen, Schlangen"; „die grausamsten reißenden Tiere stürzen sich auf euch mit Verwünschungen und schauerlichem Geheule". Man ißt dort „Kröten und Schlangen und verwestes Fleisch". Keine Gnade darf man dort erwarten, nach dem Beispiel des bösen Reichen, der seit sechzehn Jahrhunderten um einen Wassertropfen bittet und dem Gott antwortet: „Erinnere dich, daß du ein Vielfraß und Feinschmecker gewesen bist; daher mußt du besonders für deine Gaumenexzesse bestraft werden und zwar durch einen Hunger und einen Durst, die dich schreien, weinen, stöhnen lassen in Verzweiflung und Zähneknirschen, ohne daß sich Gott deiner jemals erbarmen würde."

Die intellektuellen Geistlichen des Grand Siècle stellen sich Fragen hinsichtlich dieser pittoresken Bildwelt: „Wer vermag zu sagen oder zu begreifen, was die Hölle ist, oder der geringste Teil der Schrecken, die sie einschließt?" fragt 1680 der Jesuit Crasset. Auch der Jansenist Nicole ist gleicherweise sehr skeptisch, was die Würmer und Schlangen in der Hölle betrifft.

Bossuet, die Verkörperung der Kirche der französischen Klassik, widerstrebt es, von der Hölle zu sprechen. Sein immenses Oeuvre enthält keine Beschreibung von ihr. Da er die volkstümlichen barocken Höllen verachtet, ist seine Konzeption von der Situation der Verdammten wesentlich geistiger: „Sie beginnen, sage ich, ihre Hölle schon auf Erden, indem sie von dieser Einheit getrennt sind, und daß ihre Verbrechen sie dort hinabsteigen lassen: denn stellen wir uns nicht vor, daß die Hölle in diesen grauenerregenden Foltern bestehe, in diesen Sümpfen von Feuer und Schwefel, diesen ewig verschlingenden Flammen, diesem Rasen, dieser Verzweiflung, diesem schrecklichen Zähneknirschen. Recht verstanden, ist die Hölle die Sünde selbst; die Hölle – das heißt von Gott entfernt zu sein: und der Beweis davon ist in der Hl. Schrift deutlich gegeben."

Diese Vorstellung, wie sie in der Predigt „Über die Glorie Gottes in der Bekehrung der Sünder" dargelegt wird, wird durch eine tiefgehende Bemerkung weitergeführt: Die Hölle befindet sich in jedem einzelnen von uns, wenn wir in der Sünde leben, und Christus steigt andauernd in unsere Höllen hinab, um uns das Heil zugänglich zu machen. Dies ist, weit entfernt von der volkstümlichen barocken Hölle, die klassisch-intellektuelle Hölle Bossuets, der hinzufügt: „Der Sünder selbst ist bereits seine Bestrafung."

2. Eine überbevölkerte Hölle

Im 16. Jahrhundert wird mit der Entdeckung Amerikas und seiner Millionen von Indianern samt deren Hunderte Millionen von Vorfahren, von denen keiner je von Christus oder der Heilsbotschaft gehört hatte, die Frage nach der Zahl der Verdammten von neuem aktuell. Nun hatte sich die Einstellung der Kirche in diesem Punkte gerade mit der Annahme der Formel „Außerhalb der Kirche gibt es keine Heil" verhärtet. Ein bolognesischer Professor, Marzio Galeotti (1440–1491), der also ein Jahr vor der Reise des Christoph Kolumbus verstarb, war von der Inquisition eingekerkert worden, weil er die ewige Verdammung der Heiden geleugnet hatte. Diese waren von den mittelalterlichen Theologen freilich als Randerscheinungen mit relativ geringer Bevölkerungszahl im Vergleich zu der Masse der Christen betrachtet worden.

Die großen Entdeckungen lassen diese zahlenmäßige Unterschätzung problematisch werden. Sollte man nun an dieser unbeugsamen Einstellung festhalten und gleichzeitig die Existenz von Millionen, ja von Milliarden von zusätzlichen Verdammten zugeben? Manche dachten so. Andere dagegen suchten nach Anpassungsmöglichkeiten. Der Humanist Luis Vivès, die Theologen Vaga, de Soto, Martinez de Ripalda erklären, daß die Beachtung des Naturgesetzes genug sein konnte, während der Erzbischof von Turin, Claude de Seyssel, vorschlug, daß die als Heiden verstorbenen Indianer sich in den Limben befinden würden, was der Mailänder Doktor François Collius 1622 widerlegte: Ohne göttliche Gnade, wie man sie durch die Taufe erhält, vermag niemand auch nur dem Naturgesetz treu zu bleiben. Diese Frage wird noch lange diskutiert werden. Das große französische „Lexikon der katholischen Theologie" erklärt, daß wenn der „positiv Ungläubige", d.h. der, der die Offenbarung zurückgewiesen hat, verdammt ist, der Fall des „negativ Ungläubigen", d.h. dessen, zu dem sie nie gelangt ist, unsicher bleibt.

Für die Gelehrten und Prediger des 17. Jahrhunderts ist die Zahl der Verworfenen jedenfalls um vieles höher als die der Erwählten: „Nach dem hl. Ludwig von Granada gelangt eine kleine Zahl von Menschen zum ewigen Heil." „Die Zahl der Verstoßenen wird der Masse von Oliven ähneln, die zur Erde fallen, wenn man einen Ölbaum schüttelt", schreibt Kardinal Bellarmin. „Ich glaube, daß die Hälfte der Welt, nein, sogar drei Viertel wegen der Sünde der Trägheit verdammt werden wird", erklärt Vinzenz von Paul. „Die Zahl der Erwählten ist so klein, so klein, daß es unter Zehntausenden kaum einen gibt", überbietet dies noch Grignon de Montfort. Der Oratorianer Julien Loriot besitzt sogar präzise Statistiken, die von einem unbekannten Wiederbelebten beigebracht wurden. Er deckt sie in seiner Predigt „Von der kleinen Zahl der Erwählten" auf: Unter den etwa 60 000 täglich auf Erden Sterbenden gibt es im Durchschnitt einen Erwählten, drei Seelen für das Fegefeuer und 59 996 Verdammte! Für den katholischen Philosophen Malebranche „wird es zwanzig Mal, nein hundert Mal mehr Verdammte als Erwählte geben", und für den Hofprediger Massillon „stellt der Anteil der Verworfenen immer die Mehrzahl dar", was Gott nicht beirrt, der bereit ist, nötigenfalls seine ganze Schöpfung zu verdammen, denn „er zählt nicht die Schuldigen und interessiert sich nur für die Verbrechen".

Der Glaube des 17. und 18. Jahrhunderts ist pessimistisch und elitär. Er verlangt ein niveauvolles asketisches Leben, das jenseits der Fähigkeiten der Mehrzahl der Christen liegt. Mehr rational und logisch als barmherzig, zieht er in mathematischer Manier die Konsequenzen und verdammt kalt die Mehrheit der Menschen.

3. Die Verhärtung des 19. Jahrhunderts

Das 19. Jahrhundert erweist sich nicht als milder, ganz im Gegenteil! Die Atmosphäre der sozialen und politischen Auseinandersetzungen verhärtet die repressive Haltung einer in die Verteidigung gedrängten Kirche. Da sie in der Mehrzahl der Fälle nicht mehr über den weltlichen Arm verfügt, um die moralische Ordnung auf Erden aufrecht zu erhalten, zerschmettert sie ihre Gegner im Jenseits. Massenweise werden die Anhänger der Philosophen, die Freidenker, die Atheisten, die Liberalen, die Sozialisten, die Revolutionäre, die Geschiedenen und die Verteidiger der Laienschaft sowie viele andere Repräsentanten moderner Irrtümer in die Hölle gestürzt.

Der Klerus, der in strengen Seminaren abseits der Welt herangebildet wird, zeigt sich von einer unerbittlichen Härte bei der moralischen Leitung der Pfarren. Der Direktor des Seminars von Saint-Sulpice, Pierre-Denis Boyer († 1842), verlangt von den künftigen Priestern, „die Schrecken des Gottesgerichtes" gut einzusetzen, ohne die Übertreibungen zu fürchten, denn „man übertreibt nicht, wenn man über ein Thema spricht, dem Geist und Vorstellungskraft des Menschen niemals gewachsen sein können". Außerdem lehrt er seine Seminaristen, daß sie zweifelsohne verdammt sein werden, denn nur selten befinden sich Priester auf der Höhe ihrer schrecklichen Verantwortlichkeit. Von der Berufung zu diesem Stande zurückzutreten wäre sinnlos: Man würde wegen Verweigerung des Rufes Gottes verdammt werden.

Unter diesen Voraussetzungen versteht man die wirklich terroristische Haltung, die die gewöhnliche und außergewöhnliche Pastoral z. B. während der inneren Missionen annimmt, wo man etwa einen Jean-Marie de Lamennais von Pfarre zu Pfarre sein makaberes Ritual wiederholen sieht: Bei seinen Predigten auf den Friedhöfen läßt er sich einen Sarg voll mit Schädeln bringen, mit denen er einen fiktiven Dialog führt, und die alle antworten, daß sich ihre Seele in der Hölle befinde.

Bei gewissen fragilen Charakteren kann die Katechese im Seminar zu einer sinisteren Obession mit der Hölle führen. Ein Beispiel bietet Jean-Marie Vianney, der Pfarrer von Ars (1786–1859). Sein ganzes Leben über von einem Dämon gequält, macht er allenthalben die Drohungen der Verdammnis aus: für unreine Gedanken, für eine Ablenkung während der Messe, für einen Fluch, für am Sonntag verrichtete Arbeit. Von den Verheirateten „wird, ohne auch nur einen einzigen Moment zu zweifeln, die Mehrzahl verdammt sein". Für die Milliarden Heiden, die das Evangelium nicht kannten, gibt es keine Hoffnung auf das Heil. Gott ist trunken nach Vergeltung, und der Gerichtstag wird furchtbar sein; er wird den Großteil der Menschheit ins ewige Feuer schicken: „Ein schrecklicher Urteilsspruch, aber unendlich gerecht, nein, mehr als gerecht!"

Eine neue Sorge führt im 19. Jahrhundert dazu, die Verwendung des Höllenthemas zu intensivieren: die Verteidigung der sozialen Ordnung. Wie es 1850 der Pater Caussette, der Obere der Missionare von Toulouse, verkündet, ist die Revolution das Resultat eines Rückgangs des Höllenglaubens: „Die Hölle wurde aus dem Wappen unseres Frankreich ausgetilgt. Daher kommt es, daß die menschliche Freiheit sich ohne Leitung und ohne Gegengewicht in Abgründe stürzt, wovon sie noch die Wunden trägt. Die Hölle, die sie leugnet, steigt hinab in ihren Busen, wie um sich noch deutlicher zu beweisen." Wenn man den Glauben an die ewigen Strafen nimmt, schließt Pater Caussette, „dann wird die Welt in ein Babylon verwandelt".

Die Hölle ist nicht nur die letzte Festung der individuellen Moral (wie in der Spiritualität der klassischen Ära), sie ist auch der beste Garant für soziale Stabilität. Schließlich ist es auch teilweise deswegen, daß sie Gott geschaffen hat, schreibt der Kanoniker von Bayeux Claude Lacoudre (1755–1836): „Es gibt in der Menschennatur eine derartige Verderbtheit, daß der Mensch unfehlbar bösartig wird, wenn er nichts hat, wovor er sich fürchten muß ... es gehörte daher zur Weisheit Gottes, daß es nicht nur Strafen nach dem Leben gibt, sondern auch ewige Strafen. Hätte er ohne diese die menschlichen Leidenschaften in Zaum halten können und die Ordnung in der Welt aufrechterhalten?"

Am Ende des Jahrhunderts bringt der berühmte Dominikanerprediger Jacques Monsabrés, der von 1873 bis 1890 in der Karwoche in Notre Dame de Paris predigte, die Sache in einer Kanzelrede von 1889 „über die Ewigkeit der Qualen" auf den Punkt. Für ihn ist die gesellschaftliche Nützlichkeit der Hölle erstrangig, und die Parabel vom verlorenen Sohn hebt diesen Eindruck keineswegs auf. Gäbe es keine Hölle, „würden Gott und der Mensch nur eine miserable Komödie spielen, an deren Ende ein mehr als milder Vater immer ein Mittel fände, einen Nichtsnutz zu umarmen, um ihm seine Erbschaft auszuhändigen". Die Hölle ist für den Schutz des Eigentums notwendig, sie ist das Zuchthaus im Jenseits. Ohne sie würde man sehen, „wie Nero vor Glück am Herzen des Hl. Vinzenz von Paul in Ohnmacht fiele". Außerdem: „existierte sie nicht, wovon hätte uns der Tod Christi dann erlöst? Man muß daher die Höllenfurcht schüren und keine Furcht haben, Furcht zu erzeugen"; und vor allem, keine Sentimentalitäten: „Keine Gnade, ich bitte Euch, keine kindischen Verzärtelungen, keine Tränen! Gebt dem Verdammten nicht den traurigen Trost, wenn es denn einer ist, sich über euch zu mokieren, denn er klagt sich selbst an, er verdammt sich selbst und er verflucht sich selbst."

Die klerikale Presse ist damit sehr einverstanden. 1901, am Höhepunkt der Auseinandersetzungen um die Laizität, erklärt die französische Zeitschrift „Der Freund des Klerus" in Beantwortung der Frage eines Priesters, ob die Höllenpredigt nicht etwas altmodisch wäre: „Es ist zu vermeiden, den Gläubigen eine derartig entschärfte Hölle zu präsentieren, daß sie sie als eine erträgliche Zukunft betrachten könnten. Statt danach zu suchen, das Höllendogma durch unmögliche Abschwächungen zu versüßen, sollten wir uns bemühen, in den Seelen die heilsame Besorgnis vor den schrecklichen Strafen aufrecht zu erhalten, die die reulosen Sünder erwarten: das ist das beste Mittel, daß sie ihnen entkommen können."

In Osteuropa, etwa auf dem Land in Polen, terrorisiert die allmächtige Geistlichkeit auf die gleiche Weise die Bauern, wie es die Memoiren des Vinzenz Witos (1874–1945) bezeugen: „Diese Übertreibung versetzte eine Menge sensiblerer Menschen in einen geradezu pathologischen Zustand, denn die Hölle, die alle Sünder erwartet, mußte schockartigen Eindruck machen, wenn sie mit allen ihren Schrecken ausgemalt wurde."

Gleichzeitig wurde die Höllendoktrin noch präziser und erreichte einen erstaunlichen Grad an Raffinesse. Paradoxer- und anachronistischerweise wurden niemals so viele Bücher über die Hölle geschrieben, wie im 19. Jahrhundert. Man diskutierte jedes Detail der Bedingungen des Eintritts, der Leiden und des Lebens der Verdammten. Es entbrennt ein besonderer

Kampf um die Anzahl der Erwählten. 1897 schreibt der deutsche Theologe Heinrich in seiner „Dogmatischen Theologie", daß es keinen Grund für die Verdammung der Heiden gibt, und ein Jahr später meint der Jesuit Castelein in „Der Rigorismus, die Zahl der Erwählten und die Heilsdoktrin", daß die Verdammten ohne Zweifel wenig zahlreich sind. Diese Meinung widerlegt im darauffolgenden Jahr F. X. Godts in einem großen Buch in lateinischer Sprache „Über die geringe Zahl der zu Errettenden": Er schreibt, daß 73 Kirchenväter und Heilige, 74 Theologen und 28 Exegeten gezeigt haben, daß es mehr Verdammte als Errettete gibt. 1913 vergleicht das französische „Lexikon der katholischen Theologie" das Los der Ungläubigen mit dem der Irrsinnigen: Es gibt „verschiedene Grade von Schwachsinn", die die Verantwortung für die Taten mindern. „Der Zustand der Dummheit", in dem die Mehrheit der Wilden lebt, kann, wie der Theologe Balmès schreibt, ihnen die Verdammnis ersparen, denn um den wahren Gott zu erkennen, sind sie zu „stumpfsinnig" – eine sträfliche Milde, die 1929 von A. Michel in seinem Werk „Die letzten Dinge" verurteilt wird.

Versunken in ihren sterilen Debatten, führen die Theologen die Diskussionen über die Modalitäten der Hölle weiter, während ihre Existenz selbst inzwischen bedroht ist.

4. Die Kritik an der Hölle (18. und 19. Jahrhundert)

Seit der Mitte des 17. Jahrhunderts werden bestimmte essentielle Punkte der Höllendoktrin Ziel von Angriffen, die aus so verschiedenen Kreisen kommen wie dem der Freidenker, protestantischen Strömungen und bestimmten jüdischen Richtungen. 1654 wird posthum das Werk des deutschen Arztes und Philosophen Soner publiziert, der eine theologische und philosophische Demonstration der Position vorführt, daß die ewigen Strafen der Ruchlosen nicht die Gerechtigkeit Gottes, sondern seine Ungerechtigkeit erweisen.

Drei Jahre später beutet Cyrano de Bergerac in ironischer Weise in seiner „Komischen Geschichte der Staaten und Reiche des Mondes" den enormen Fehler aus, der der Prozeß gegen Galileo Galilei (1633) gewesen war, indem er einem Jesuiten eine originelle Erklärung der Erdbewegung in den Mund legt: „Ich stelle mit vor, daß die Erde sich keineswegs aus den Gründen dreht, die Kopernikus angibt, sondern deswegen, daß das Höllenfeuer, so wie uns die Heilige Schrift lehrt, im Zentrum der Erde eingeschlossen ist und die Verdammten, die die Hitze der Flamme fliehen möchten, um sich von ihr zu entfernen, die innere Wölbung hinauflaufen; so bewirken sie die Drehung der Erde, wie ein Hund ein Tretrad zur Drehung bringt, wenn er darin eingeschlossen läuft."

Für die Atheisten und Freigeister des Grand Siècle bietet die Hölle eine ausgezeichnete Gelegenheit, die Religion zur Zielscheibe ihres Spottes zu machen. Für den Atheisten Jean Dehénault, der 1670 schreibt, „ist das alles nur eine Lüge oder ein Diskurs in der Luft oder ein geträumter Schreck". Die Philosophen am Rande der Orthodoxie der großen Religionen wie Spinoza oder Hobbes leugneten gleicher Weise jede Vorstellung einer Bestrafung nach dem Tode.

Aber es ist zwischen 1680 und 1720 im Rahmen der „Krise des europäischen Bewußtseins" (die Paul Hazard in seinem gleichnamigen Buch untersucht hat), daß sich die Angriffe vervielfachen, und zwar innerhalb der Kirche selbst. Vorläufer der Deisten gebrauchen in ihren Schriften gleichzeitig Gefühl und kritischen Geist, um namentlich die Ewigkeit der Qualen aufzukündigen. 1695 schreibt der Deist Chaulieux: „Mein Gott ist keineswegs ein grausamer Gott; er wäre einer solchen Monstrosität unfähig." Diese Meinung wird vom Baron de la Hontan 1703 geteilt. Die Idee des Origenes vom allgemeinen Heil tritt wieder ans Licht, und zwar mit einem anonymen Werk von 1699, dem „Ewigen Evangelium der allgemeinen Wiederherstellung aller Geschöpfe" und dem „Mysterium der allgemeinen Wiederherstellung" des Jean-Gouillaume Petersen, erschienen in drei Bänden zwischen 1700 und 1710.

1697 unterzeichnen dagegen Bossuet, der Erzbischof von Paris Noailles und der Erzbischof von Reims Le Tellier eine Deklaration, die die Meinung des Kardinals Sfondrate verurteilt, der den ohne Taufe verstorbenen Kindern eine gewisse Seligkeit zugestanden hatte. Dies alles ist nur ein Geplänkel angesichts der von Pierre Bayle vorgetragenen Attacken, die dem Problem auf den Grund gehen: Die Vorstellung einer Hölle selbst ist völlig unvereinbar mit jener von der Güte Gottes. Die Tatsache vorzuschieben, daß der Mensch nach allem frei ist, sein Heil zu sichern, ist ein falsches Argument: Gott wußte, daß viele diese Freiheit falsch benützen und sich verdammen würden. Es ist undenkbar, daß er das zugelassen hätte. Selbst eine zeitliche Hölle ist inakzeptabel: „Man vermöchte nicht, zu der höchsten Güte Gottes zu gelangen, wenn man nicht bis zur letzten Minute die Höllenmartern unterdrückte." Was den gesellschaftlichen Nutzen der Höllendrohung betrifft, genügt es festzustellen, daß es unter den Christen die gleiche Proportion an Verbrechern gibt wie in den anderen Religionen und unter den Atheisten. – Die Kirche verdammt solche monströsen Anmutungen, indem sie sämtliche Werke Bayles auf den Index setzt.

Was Leibnitz betrifft, so antwortet er mit einem philosophischen Traktat, den „Versuchen über die Theodizee, betreffend die Güte Gottes, die Freiheit des Menschen und den Ursprung des Bösen" (1710). Für ihn paßt die Hölle perfekt in die Harmonie des Universums, in dem sich alles ausgleicht. „Es ist möglich, daß die Glorie der Seligen in der Beschauung Gottes so groß ist, daß die Übel aller Verdammten nicht mit diesem Gut verglichen werden können", schreibt er. Andererseits wird, selbst wenn die Mehrheit der Menschen verdammt ist, gewißlich der Ausgleich durch das Heil außerirdischer Geschöpfe wiederhergestellt: „Was nun die Zahl der Verdammten betrifft, insofern sie unvergleichlich viel größer unter den Menschen sein wird als die Zahl der Geretteten, so hindert das keineswegs, daß im gesamten Universum die glücklichen Geschöpfe durch ihre Zahl die Unglücklichen unendlich übertreffen."

Diese Art der Argumentation ist ein Leckerbissen für die Philosophen des 18. Jahrhunderts, angefangen mit Voltaire, der im Artikel „Hölle" des „Philosophischen Wörterbuchs" daraus eine Auslassung macht, die dazu bestimmt ist, die Unzulänglichkeiten der menschlichen Justiz zu verdecken. Die Philosophen sind fast einhellig gegen die Hölle. Montesquieu wendet sich in seiner kleinen Schrift „Gegen die ewige Verdammung der Heiden" (1711) vor allem gegen ihren Ewigkeitscharakter. Für Marmontel wird uns die Hölle auf Erden von den politisch Verantwortlichen auferlegt. Für Diderot „ist es schon lange her, daß man von den Theologen verlangt hat, das Dogma der ewigen Strafen mit der unendlichen Barmherzigkeit Gottes zu versöhnen, und sie sind noch immer dabei." Für Holbach ist diese Glaubensvorstellung absurd. Da ist der savoyische Vikar Jean-Jacques Rousseaus im „Émile" nuancierter: Man muß wohl die Bösen bestrafen, aber die Strafe beginnt in diesem Leben mit den Leiden, die Bosheit bei ihren Verursachern hervorruft. Ohne Zweifel wird sie nach dem Tode fortgesetzt, aber in zeitlich begrenzter Weise und ausschließlich in der Form von Gewissensbissen.

Sogar unter den Geistlichen beginnt die Idee des allgemeinen Heils sich zögerlich zu verbreiten. 1716 schreibt Pierre Cuppé, ein Kanoniker aus der Diözese Saintes, „Der für alle geöffnete Himmel, oder theologischer Traktat, durch den, ohne etwas an den Praktiken der Religion zu ändern, durch die Heilige Schrift und die Vernunft verläßlich bewiesen wird, daß alle Menschen gerettet sind". Das Werk wird erst 1743 in Englisch publiziert und erst 1768 auf Französisch. Im selben Geist schreibt der Ordensgeistliche Louis in „Der dem ganzen Universum geöffnete Himmel" (1782): „Die Hölle ist nur ein Schauderroman und ein Greuel, das den Stern, der uns Licht bringt, verdunkelt."

Am Ende des Ancien Régime wird der traditionelle Höllenglaube in den intellektuellen Kreisen ernsthaft erschüttert. Für den modernen Historiker Philippe Ariès ist dieser Glaube sogar gestorben. Die Lehre der Kirche jedoch bleibt in diesem Punkt unerschütterlich, wobei es im Bereich der Argumentation eine interessante Entwicklung gibt: Die theologischen Motive werden mehr und mehr vom Motiv der sozialen Nützlichkeit ersetzt; die Hölle ist die beste Verteidigung der Ordnung und der Moral; daher ist sie notwendig. Dies ist der Schluß des Abtes Bergier, des Verfassers des Höllenartikels in der „Enzyklopädie". Manche Revolutionäre werden diese utilitaristische Rechtfertigung wieder aufnehmen, wie der Theophilanthrop Chemin.

Unter dem Gläubigen Volk ist diese Vorstellung noch intakt, während neue, auf eine kleine Minorität beschränkte Ideen auftauchen. So konnte man etwa das Werk des Marquis de Sade als Willen zur Verdammung und zur Verwirklichung der Hölle auf Erden interpretieren. Der revolutionäre Schock sollte die Positionen verhärten: Intensivierung der Strenge der Doktrin beim Klerus, beginnender Widerspruch und Abnahme der Furcht bei den Gläubigen und das Auftreten neuer, säkularisierter Höllen.

IX. Die Verwandlungen der Hölle (19. und 20. Jahrhundert)

Das Konzept der Hölle erfährt im Laufe der zwei letzten Jahrhunderte eine Veränderung. Abgesehen von der Erweiterung des Begriffs, der durch mißbräuchliche Verwendung dazu gekommen ist, jede unangenehme Situation zu bezeichnen und der in der Umgangssprache einen Großteil seiner Intensität verloren hat, rührt die große Veränderung von der Verdrängung des betroffenen Ortes her. Die traditionelle christliche Hölle, deren Glaubwürdigkeit, schon von den Schriften der Philosophen eingeschränkt, schließlich auch im Denken des Volkes abnimmt, wird zum Objekt einer grundlegenden Umformulierung in der katholischen Theologie, v.a. seit dem II. Vatikanischen Konzil. Der Mißbrauch, zu dem die Pastoral der Angst vormals geführt hatte, irritiert die gegenwärtige Kirche soweit, daß es zu einem richtiggehenden Verschweigen des Terminus in der kirchlichen Sprache gekommen ist. Die Vorstellung selbst existiert weiter, aber in einem ausschließlich spirituellen Sinn, der mit der hergebrachten Konzeption nicht mehr viel zu tun hat.

Parallel dazu bemächtigen sich Dichter und Philosophen der Hölle, die ein wesentliches Element in zahlreichen Strömungen atheistischen Denkens wird. Wie Jean Guitton bemerkt, „in unserer Zeit, wo die Gläubigen dazu tendieren, die Schärfe eines ewigen Todes abzumildern, ist es da nicht ein merkwürdiges Paradox im Bereich der bis zum erklärten Atheismus ungläubigen Denker, daß man gerade hier die präzisesten Ausdrücke für die höllische Welt suchen muß? Es hat wohl keine andere Epoche gegeben, in der die Möglichkeit der Hölle mehr Anklang und Zustimmung im Denken der von jedem Glauben unabhängigen Laien gefunden hat."

Im 19. Jahrhundert ist die Hölle privilegiertes Thema der „verruchten Dichter" und der Philosophen eines integralen Pessimismus. Im 20. Jahrhundert wird sie vom Existentialismus verwendet und wird die Ausdrucksform der fundamentalen Angst des menschlichen Wesens. Die alte Idee, nach der die Hölle ganz einfach die menschliche Befindlichkeit ist, wie sie schon vor 2000 Jahren von Lukrez vertreten wurde, dann periodisch von Glaubensabweichlern wiederaufgenommen wurde, hat sich schließlich durchgesetzt. Die Hölle ist nicht unter der Erde, sondern auf der Erde und im Herzen des Menschen. Eine Vorstellung, die allerdings nicht ganz so weit von der Theologie entfernt ist, wie man denken könnte.

1. Der Rückgang der eschatologischen Ängste

Es ist noch in den Jahren um 1680, daß die ersten Zweifel hinsichtlich der Effizienz der Höllenfurcht von Predigern geäußert werden, die am mangelnden Erfolg ihrer Reden verzweifeln. Die Übereinstimmung ist allgemein: Der Pater Fromentières versteht nicht, daß trotz aller angestellten Bemühungen, die Gläubigen zu terrorisieren, diese „nicht schon vor Furcht vergehen"; der Karmelit Simon von der Jungfrau staunt: „Man droht, und niemand bessert sich!" Der Pater de la Columbière drückt seine Verwunderung aus: „Es gibt eine Hölle, die Christen wissen das, und diese Hölle ist von Christen voll!" Was den Pater Loriot betrifft, erklärt er seinen Zuhörern: „Euere Einstellung verleidet mir meine Aufgabe völlig!" Dieser Trend verschärft sich im 18. Jahrhundert. 1787 erklärt der Abt Cambacérès untröstlich: „Die Christen haben keine Furcht mehr; wenn sie sich für Religion interessieren, dann ist das nur, um die tröstlichen Wahrheiten darin zu sehen und einen barmherzigen Gott wahrzunehmen." Zeitgenössische Historiker wie Philippe Ariès, Pierre Chaunu,

Jean Delumeau, François Lebrun, Michel Vovelle und manche andere haben sich mit diesem Phänomen beschäftigt, ohne zu einer Übereinstimmung zu gelangen. Während für Ariès „keine Gesellschaft diesen pathetischen Appell des Schrekkens, dieser apokalyptischen Drohung hätte widerstehen können, wenn diese wirklich akzeptiert und integriert gewesen wäre", denkt Lebrun im Gegensatz dazu, „daß der terroristische Diskurs bewußt ausgearbeitet und dann während dreier Jahrhunderte in dem Maße aufrechterhalten wurde, wie er zu seinem Ziel führte: die Menschen durch Furcht vor der Strafe auf dem rechten Weg zu halten". Unleugbar ist dabei, sagt Delumeau, daß es im 18. Jahrhundert „eine Minderung der Gottesfurcht gab". Der Schock der Revolution hat die Skepsis vergrößert, und die Priester mußten in der 1. Hälfte des 19. Jahrhunderts in ihren Höllenpredigten vor allem versuchen, die Gläubigen von der Existenz dieses Ortes zu überzeugen. Louis-Augustin Robinot, eine Kanoniker aus Nevers, klagt 1824: „Mißtrauen hat die christliche Einfachheit ersetzt; ohne weiser geworden zu sein, sind sie vorwitziger geworden, anspruchsvoller, haben weniger Vertrauen in ihre Hirten und sind weniger bereit, aufs Wort zu glauben. Es genügt nicht mehr, ihnen die Glaubenswahrheiten darzulegen – man muß sie ihnen beweisen. Sie behandeln die Rede von der Hölle als Fabeln und veraltete Geschichten", geben vor, „daß die Hölle nur für die ganz Verbrecherischen sei", „daß man nicht daran glauben muß, daß man dort brät". Alle die großen Prediger beunruhigen sich darob, vom Pater Ravignan bis Lacordaire zur Jahrhundertmitte.

Fünfzig Jahre später ist der Verlust an Glaubwürdigkeit der Hölle offenbar geworden. Man findet ein Echo davon in der klerikalen Presse, speziell im französischen „Freund des Klerus", der Briefe von Pfarrern publiziert, die durch die Fragen ihrer Gemeinde sehr beunruhigt sind. 1906 schreibt einer von ihnen: „Es ist unerhört, wie die Hölle heute von Christen und Christinnen geleugnet wird, die weder die Messe noch die Vesper vernachlässigen und ihre anderen religiösen Pflichten erfüllen"; nach ihnen „predigen die Priester eine ewige Hölle, um Angst zu erzeugen und gutes Verhalten, aber ohne selbst daran zu glauben, denn es ist nicht möglich, daß das, was man uns ausmalt, existiert, denn dann wäre Gott ein grausamer Vater. Der Pfarrer fragt also bei den Theologen der Zeitschrift an, wie er sich verhalten soll. Könnte man nicht den Ton bezüglich der Hölle ändern und nach Anpassungen suchen?

Das ist es auch, was einer seiner Konfratres 1902 vorschlägt, der konstatiert, daß „viele Prediger die Position einnehmen, nicht an diesem heikelen Thema zu rühren". Er zitiert Aussagen seiner Pfarrkinder, die zu beantworten er offensichtlich unfähig ist: „Was soll das für ein Vater sein, ein böser und entarteter Vater, der sein Kind lebendig verbrennen läßt, der es am kleinen Feuer rösten läßt und der dabei von seinen Schmerzen ungerührt bleibt?"

Ein anderer fragt sich, ob die Höllenstrafen nicht ein Reflex des Zustands der Rechtspflege im Ancien Régime wären und ob das Feuer nicht rein metaphysisch sei. Andere stellen alle die großen, klassischen Fragen: „Was ist von der Meinung zu halten, nach der die Zeit eine Milderung der Qualen der Verdammten mit sich bringt?" (1897) „Was ist bei der Versammlung des Menschengeschlechts die Zahl der Geretteten in Relation zu der der Verdammten?" (1901) „Wie ist die Existenz einer so großen Zahl von Ausgeschlossenen mit der Güte Gottes und seinem Willen, allen das Mittel anheimzustellen, zum Heil zu gelangen, zu vereinbaren?" (1901) „Wie kann das Feuer auf die Seelen wirken?" (1902).

Gegen diese Lawine von Fragen machen die Theologen Front: Verärgert fegt „Der Freund des Klerus" die Beschuldigung, die Furcht aufrechterhalten zu wollen, um die Gläubigen in der Hand zu behalten, hinweg und schickt ihre Urheber – in die Hölle. „Dieser Widerspruch ist vollkommen falsch und äußerst beleidigend für die Geistlichkeit. Dies ist eine schlimme Verunglimpfung, würdig der Strafen vor Gott und selbst vor der menschlichen Gerichtsbarkeit." Außerdem ist die Zeitschrift der Meinung, daß alle diese Einwürfe „Frucht der modernen Wehleidigkeit" sind, und daß, „wenn die Hölle nicht existiert, man glauben wird, es sei nicht besonders nötig, sich Zwang antun zu müssen, sie zu vermeiden". Man muß sie daher wieder festschreiben: Die Zeitschrift greift alle alten Argumente auf, die für die ewigen Strafen sprechen, einschließlich der falschen Argumente, denn das, was zählt, das ist der Erfolg.

So ist es nicht korrekt zu sagen, daß die Hölle deshalb gerechtfertigt sei, weil es ein Vergehen gegen ein unendliches Wesen gegeben hat, denn so würde jede Sünde, auch die läßliche, mit der ewigen Strafe zu ahnden sein. Folglich darf dieses Argument nur gegenüber „weniger aufgeweckten Geistern" angewandt werden. „Es ist möglich, daß Geister, die zu wenig aufgeweckt sind, um die Schwäche dieses Beweises zu begreifen, davon beeindruckt sind und dieses Argument die Schwierigkeit, die sie angesichts der Ewigkeit der Strafen haben, auflöst; das so erreichte Resultat ist also gut." Dagegen „wäre es ein ziemlicher Fehler, eine solche Antwort aufgeweckten Geistern vorzulegen, die verstehen, daß sie ohne Wert ist."

Alles ist brauchbar, um diese Hölle aufrechtzuerhalten, die der „Freund des Klerus" noch 1903 im Zentrum der Erde zu lokalisieren nicht zögert, wobei er sich auf die Existenz der Vulkane stützt. Doch das sind Nachgefechte, die die Flut des Widerspruchs nicht eindämmen können. Gewiß, die Mehrheit der Christen, sogar ein Teil der kürzlich dechristianisierten Atheisten, bewahren eine Sorge, eine Scheu oder eine wirkliche Furcht vor dem nahen Jenseits. Aber die Befragungen der Soziologen zeigen, daß diese Furcht mehr und mehr relativiert wird. In der unteren Bretagne, einer von den inneren Missionen tief geprägten Region, bemerkt Yves Lambert, daß man seit 1900 „sicherlich die Hölle ohne Ausnahme fürchtet, aber auch ohne Übertreibung, und sei es darum, daß man daran denkt, das Nötig zu tun, um sie zu vermeiden". In seinen „Vorsätzen" formuliert der französische Philosoph Alain (1868–1951) diese Evolution: „Die Höllenfurcht ist eine Krankheit, die aus unserem Lande verschwunden ist wie die

Lepra. Ich hatte wohl Furcht vor dem Teufel, als ich klein war, weil ich die Allgemeinplätze der kirchlichen Beredsamkeit ernst nahm. Aber sobald ich bemerkte, daß weder meine Eltern, noch ihre Freunde, noch die Priester selbst wirklich Furcht vor der Hölle hatten, war ich bald befreit... Was das zukünftige Leben betrifft, sollte man keineswegs vorschnell sagen, daß niemand mehr daran glaubt. Aber im allgemeinen scheint es mir, daß diese Hoffnung von Furcht gereinigt ist. Die bei ernstzunehmenden Katholiken heute vornehmliche Vorstellung ist die, daß unsere besseren Gefühle nicht durch den Tod zerbrochen werden, daher hat man Grund, eine andere Art von Existenz zu erhoffen, wo alles Gute befreit sein wird und alles Böse vergessen" (1921).

Diese Entwicklung setzt sich im Laufe des 20. Jahrhunderts fort, und man sieht einen richtiggehenden Umsturz im Höllenglauben seit den siebziger Jahren. In der Bretagne sind die skeptischen Bemerkungen, die Yves Lambert für den Beginn des Jahrhunderts aufgezeichnet hatte, ironisch geworden oder enttäuscht oder sogar anklagend: „Wie hat man uns so etwas aufbinden können?"; „Man war geradezu vernagelt mit all dem wie Hölle und Fegefeuer. Heute sprechen sie nicht mehr davon, es gibt sie wahrscheinlich nicht mehr"; „Die Hölle, oh, ich weiß nicht, ob sie noch existiert".

Und die Zahlen bekräftigen das: Von allen traditionellen religiösen Glaubensvorstellungen ist die der Hölle jene, die am meisten zurückgegangen ist. 1981 glaubten nach einer Enquete des European Value Systems Study Group 75 % der Europäer an Gott, 40 % an das Paradies, 25 % an den Teufel und 23 % an die Hölle, womit sie noch relativ wichtig erscheint. Aber die Zahlen variieren von 27 % in Großbritannien bis 14 % in Deutschland. So bewahrt in der europäischen Christenheit nach 15 Jahrhunderten Höllenpredigt weniger als ein Viertel der Bevölkerung einen gewissen Glauben an eine Hölle, die jedoch mit den klassischen Höllen nicht mehr viel zu tun hat. Denn auch die Theologie hat sich hinsichtlich dieses Themas ziemlich entwickelt.

2. *Das Verblassen der christlichen Hölle*

Am frappantesten ist es, feststellen zu können, daß nach Jahrhunderten obsessionellen Beharrens auf die ewigen Strafen ein vollständiges Schweigen auf diesen irritierenden Punkt der Doktrin gefallen ist. Die letzte Intervention traditioneller Art von seiten eines Papstes ist die Pius' XII., der am 23. März 1949 bekräftigte: „Die Predigt über die grundlegenden Wahrheiten des Glaubens und die letzten Dinge hat in unseren Tagen nicht nur nicht an Berechtigung verloren, sondern ist sogar notwendiger und dringlicher geworden als je zuvor, sogar auch die Predigt über die Hölle. Gewiß muß man dieses Thema mit Würde und Weisheit behandeln. Was aber den Kern dieser Wahrheit betrifft, hat die Kirche vor Gott und vor den Menschen die heilige Pflicht, über sie zu sprechen und sie ohne Abmilderung zu lehren, so wie sie Christus geoffenbart hat, und es gibt keine zeitlichen Umstände, die die Strenge dieser Verpflichtung vermindern könnten."

Danach kommt nichts mehr oder fast nichts mehr: eine knappe Anspielung beim II. Vatikanischen Konzil, ohne jemals das Wort Hölle zu verwenden; eine zaghafte Erinnerung Pauls VI. 1971; spärliche und vage Umschreibungen in diesem oder jenem Dokument zur Eschatologie. Selbst Kardinal Ratzinger, der 1989 den „radikalen Rückgang" beklagt, den dieses Thema im kirchlichen Diskurs erfahren hat, widmet nur vier von zweihundertsiebzig Seiten in seinem Buch „Der Tod und das Jenseits" der Hölle.

Was die katholischen Medien betrifft, die volkstümlichen oder gelehrten Zeitschriften, so haben sie völlig von dieser Idee Abschied genommen, die gleicher Weise aus den Predigten und aus der Kirchensprache verschwunden ist. Dieser von einer allzu schweren Vergangenheit belastete Begriff wurde sogar aus der Mehrzahl der religiösen Lexika verbannt, die sich begnügen, unter der Rubrik „Eschatologie" sehr diskret und sehr vage von der Möglichkeit eines unglücklichen künftigen Geschicks für jene zu sprechen, die die Liebe Gottes abgewiesen haben. „Hölle bedeutet jedenfalls die Domäne des von Menschen verursachten Übels, das Gott nicht in Gutes verwandeln kann, sondern das er in Ewigkeit verdammen muß", erklärt das „Wörterbuch der Theologie" von 1988 zurückhaltend. „Der Mensch vermag sich vor der Liebe zu verhärten. Das ist genau jene Möglichkeit, die die Idee der Hölle ausdrückt", schreibt 1976 der Theologe T. Rey-Mermet in „Glauben". Die Definition, die Karl Rahner bietet, ist nicht präziser: Das Höllendogma bedeutet nach ihm also folgendes: das menschliche Leben steht unter der Drohung der wirklichen Möglichkeit eines ewigen Matts, eine Drohung, die in der Tatsache inbegriffen ist, daß er frei über sich verfügen und daß er sich Gott verweigern kann.

Die offizielle Position der Kirche ist in einer Verlautbarung der Glaubenskongregation über das ewige Leben und das Jenseits enthalten, die 1979 von Johannes Paul II. approbiert wurde. Sie erklärt, daß die Kirche „an eine Strafe glaubt, die für immer auf den Sünder wartet, der der Anschauung Gottes beraubt sein wird, und an einen Widerhall dieser Strafe in seinem ganzen Sein". Das Dokument ruft jedoch zur Vorsicht auf: „Die Gefahr bildlicher und willkürlicher Darstellung ist besonders zu fürchten, denn ihre Übertreibungen haben großen Anteil an Schwierigkeiten, auf die der christliche Glaube oftmals trifft... Weder die Heilige Schrift, noch die Theologie bieten genügend Erhellendes für eine Darstellung des Jenseits."

Die Theologen bemühen sich, das alte Dogma neu zu formulieren, jedoch mit einem gewissen Unbehagen und ohne die passenden Worte zu finden: „Wenn man nichts weiß, ist es unmöglich, von nichts zu sprechen", anerkennt das „Wörterbuch der christlichen Theologie" von 1977. Man weiß nur eines: „Wenn man nicht stark genug gegen die Sünde kämpft, wird sich die Hölle in uns und durch uns verwirklichen." Diese neue Orientierung, die die höllische Situation als Matt der menschlichen Freiheit präsentiert, die den Sinn ihrer Existenz nicht hat finden oder schaffen können, entspricht im tiefsten den gegenwärtigen philosophischen Konzeptionen.

Seit dem 19. Jahrhundert sind es paradoxerweise in der Tat die atheistischen Dichter und Denker, die sich darum bemühen, die Hölle neu zu definieren. Diese neuen und so gut wie ausschließlich irdischen Höllen haben metaphysische Implikationen, die die Überlegungen der Theologen sehr gut vervollständigen können.

3. Die neuen Höllen (19. Jahrhundert)

Gegen 1880 führte Auguste Rodin ein monumentales Werk aus, die „Höllenpforte", der gegenüber sich der berühmte „Denker" befinden sollte. Ein Werk voller Symbolik, wenn es je eines gab. Das 19. Jahrhundert hat in der Tat die irdische Hölle entdeckt. Das Denken der westlichen Intellektuellen hat sich von einem Jenseits abgewandt, das durch Jahrhunderte die Erwartungen polarisiert hat, um sich auf die gegenwärtige Welt zu beziehen. Man entdeckte, daß alle absolutistischen Ansätze, die in eine Welt der Ideen gestellt würden, in Wirklichkeit nur Projektionen relativer irdischer Wirklichkeiten in eine hypothetische geistige Welt darstellen. Das 19. Jahrhundert demythifiziert; nach ihren Spekulationen über die göttliche Welt beginnt die Menschheit sich selbst in dem Spiegel zu betrachten, den Soziologie, Psychologie, Geschichte, Geographie und Philosophie darstellen. Das, was sie entdeckt, ist tragisch: keine Spur von irgendeiner göttlichen Ordnung, sondern im Gegenteil ein Chaos, wo letztlich der Stärkste Recht behält und wo das Gute einfach das Interesse der größten Zahl bedeutet, d. h. ein geringeres Übel. Man entdeckt, daß das Leben sterile Agitation inmitten von Leid ist, ohne Ziel, ohne irgendeinen Sinn, „eine Geschichte, erzählt von einem Narren, voller Lärm und Raserei, bedeutungslos" (Shakespeare, Macbeth 5, 5).

Mit einem Wort: Das 19. Jahrhundert entdeckt, daß die Hölle sich auf Erden befindet. Das ist es, was auf ihre Weise die „verruchten Dichter", die Visionäre der menschlichen Befindlichkeit, ausdrücken. So schreibt Baudelaire im Bewußtsein der Verdüsterung in seinen „Blumen des Bösen": „Steigt hinab, steigt hinab, beklagenswerte Opfer, steigt hinab den Weg der ewigen Hölle!" So konstatiert Verlaine in „Eine Zeit in der Hölle": Das Unglück war mein Gott"; Rimbaud kommt dazu, die christliche Hölle mit Bedauern zu sehen: „Ich glaube mich in der Hölle, also bin ich dort. Das ist die Ausführung des Katechismus. Ich bin Sklave meiner Taufe. Ihr Eltern, ihr habt mein Unglück verursacht und das euere. Armer Unschuldiger! Die Hölle kann den Heiden nichts antun. Das ist noch das Leben! Später werden die Freuden der Verdammung tiefer sein. Ein Verbrechen, rasch, daß ich durch menschliches Gesetz ins Nichts falle... Ich müßte meine Hölle für den Zorn haben, meine Hölle für den Stolz, und die Hölle für die Trägheit; eine ganze Sammlung von Höllen. Ich sterbe vor Überdruß. Das ist das Grab, ich komme zu den Würmern, Schrecken über Schrecken! Satan, du Possenreißer, du willst mich mit deinen Zaubereien verspotten. Ich fordere! Ich fordere einen Gabelstich, einen Feuertropfen!" So Lautréamont, der in den „Gesängen von Maldoror" einen blasphemischen Abstieg in die Unterwelt vollzieht, ein schwacher Versuch, die irdische Hölle zu exorzieren und die Ängste seiner Kindheit zu bannen. Die „verruchten Dichter" verfolgen die Linie der monastischen Visionen und der volkstümlichen christlichen Höllen.

Was die Philosophen betrifft, lösen sie die versagenden Theologen ab. Schopenhauer (1788–1860) ist der Anti-Leibnitz, der vollkommene Pessimist. Für ihn ist unsere Welt, die schlechteste der möglichen Welten und Resultat eines verirrten Willens, nur eine Welt des Schmerzes. Der Schmerz ist selbst die Form, unter der sich das Leben manifestiert. Wir selbst perpetuieren diese Hölle durch unseren teuflischen Lebenswillen, den zu überwinden es gilt, um ins Nichts zu münden. Für von Hartmann (1842–1906) ist das, was der Mensch Fortschritt nennt, nur der Prozeß, durch den wir uns nach und nach unseres Unglücks bewußt werden; was zur

Vernichtung des Lebenswillens führen müßte. Hinter diesen Philosophien sind Gnostik und Manichäismus präsent, aber in verzweifelter Form: Kein guter Gott gleicht die Gewalten des Bösen aus.

Seit Beginn der Welt entfaltet sich die Hölle; sie entwickelt sich durch den Menschen selbst, der nicht aufhört, die Mittel des Leidens und der Selbstzerstörung zu vervollkommnen. Das ist es, was Leopardi (1798–1837) denkt: Die Natur des Menschen ist unentrinnbares und unentwegt fortschreitendes Unheil. Die Natur ist eine Höllenmaschine, geschaffen, uns physisch und moralisch leiden zu machen durch Krankheiten, Alter und sogar die Liebe, eine besonders raffinierte Tortur. Die Natur zwingt die Menschen zu lieben, um sie danach durch Trennung und Tod zu zerreißen: „... also um sie durch ein Instrument des Glückes leiden zu lassen?"

Kirkegaard (1813–1855) entdeckt die Hölle im quälenden Dilemma an der Basis menschlicher Existenz: sich den anderen öffnen und dabei sich selbst absterben – oder sich in einen verstümmelnden Egoismus einschließen? Nietsche möchte alle diese existentialistischen Höllen durch ein verzweifeltes Mittel überwinden: nämlich sie mit Begeisterung anzunehmen und sich dazu zu überreden, sie entsprächen meinem eigenen Willen. Das ist das gerade, was ich wollte und was ich will! Auf diese Art kommt er zur Lösung der Stoa zurück: unser Geschick zu lieben, um die Illusion zu besitzen, es zu meistern; Übermensch zu werden, indem man sich überredet, daß Gott gestorben ist und sein Platz einzunehmen; das moralische Übel besiegen, indem man sich jenseits von Gut und Böse bewegt. Ein verzweifelter Voluntarismus, die Maske für einen globalen Pessimismus, dessen Versagen sich im Selbstmord manifestiert.

Auch die Romanciers erforschen ihrerseits diese irdischen Höllen. „Die menschliche Komödie" und die „Rougon-Macquart", sind sie etwas anderes als ein moderner Abstieg in die Unterwelt? Wie sollte man nicht betroffen sein von den Ähnlichkeiten zwischen den dantesken Visionen und der wimmelnden, haßerfüllten, abstoßenden, ekelerregenden, grausamen Welt, die von den Torturen des inneren Feuers und der Ambitionen umgetrieben wird, von Eigeninteresse, von Instinkten und von äußeren Formen der sozialen Unterdrückung und der Bosheit der anderen, wie sie uns Balzac, Zola und die anderen vorführen? In Rußland kommen Tolstoj und Dostojewski der in den sozialen Strukturen und im Herzen des Menschen verborgenen Hölle auf die Spur: einerseits Hölle der von den Reichen vernichteten Armen, andererseits Hölle des individuellen Gewissens, das bei den „Besessenen" Dostojewskis zwischen Gewissensbissen und Angst gefangen ist.

Gerade in dem Moment also, in dem die Hölle verschwindet, wird sie unverzichtbar. Wenn sie nicht existiert, muß man sie erfinden: Das ist es, was Gesetzgeber, Ideologen und Sozialreformer denken.

Nach den Jakobinern, die sie mehrheitlich vollkommen leugnen, verwendet sie Napoleon, um seine Herrschaft zu festigen. Der „Kaiserliche Katechismus" weiht jene der „ewigen Verdammnis", die ihre Bürgerpflichten nicht erfüllen. Zur Zeit der Restauration verteidigt Joseph de Maistre eine blutige Hölle, über der ein Henker-Gott waltet. Seine von Blut und Leiden besessenen Vorstellungen sind eher Erben des Marquis de Sade als der katholischen Theologie, die jedoch merkwürdigerweise fortfährt, ihn zu zitieren.

Das Bedürfnis nach einer Hölle ist auch bei den Schöpfern neuer Gesellschaftsformen deutlich, bei den Utopisten, sogar den am eindeutigsten atheistischen, die von einer besseren Welt träumen. So sieht der sehr positivistische Auguste Compte in seiner „Soziokratie" ein Äquivalent des Einzelgerichts und der Hölle vor, nämlich die „Wüste der Verworfenen". „Sieben Jahre nach dem Tode", kann man im „Positivistischen Katechismus" lesen, „wenn alle verwirrenden Leidenschaften hinreichend ausgelöscht sind, ohne daß die besonderen besseren Züge schon verloren wären, wird ein persönliches Gericht, dessen Wesen die Soziokratie der Theokratie entlehnt, das Geschick eines jeden unwiderruflich festschreiben." Die Reste der „Guten" werden in das „bürgerliche Gefilde" überführt; „was die außergewöhnlichen Fälle ausgeprägter Unwürdigkeit betrifft, manifestiert sich ihre Stigmatisierung, wenn die triste Last schicklich zur Wüste der Verworfenen transportiert wird, unter die Hingerichteten, die Selbstmörder und Duellanten." Die Existenz von unverbesserlich bösen Menschen rechtfertigt für Compte die Notwendigkeit der Vorstellung des ewigen Todes. Die positivistische Religion bestätigt so die Idee Feuerbachs: Die Religion projiziert ihre Vision der idealen Welt ins irdisch oder geistig Imaginäre, und deshalb muß sie ein Mittel erfinden, um sich endgültig von den unverbesserlich Bösen zu befreien. Daher war die Hölle vielleicht nie so präsent wie im 19. Jahrhundert, als ob ihr Verschwinden aus der anderen Welt sie auf die Erde zurückgebracht hätte. Das 20. Jahrhundert wird diese Strömung noch erweitern.

4. Die Hölle in der Gegenwart

In vielerlei hätte das 20. Jahrhundert den wenig beneidenswerten Titel eines „Höllenjahrhunderts" verdient. Mit seinen zwei Weltkriegen, seinen Völkermorden, seiner Atombombe, seinen chemischen Waffen, seinen verhungernden und dahinvegetierenden Massen in der Dritten Welt, seiner Arbeitslosigkeit, seiner Umweltverschmutzung, seinen totalitären und korrupten demokratischen Regimen, seiner Bevölkerungsexplosion, seinen Konzentrationslagern, seinen Gulags, seinen Drogen sieht man kaum, welche Epoche ihm diese teuflische Siegespalme streitig machen könnte. Gewiß, da ließe sich noch mehr machen, und das 21. Jahrhundert wird dies vielleicht tun, aber schon die Realität übertrifft bisweilen die Höllenphantasien der Mönche von einst. Für Maurice Clavel evoziert die gegenwärtige Welt unwidersprüchlich die Bilder der traditionellen Hölle.

Alain, der freilich nur einen Vorgeschmack von diesem Jahrhundert haben konnte, dachte, daß sich die Menschheit hier im dritten Stadium der Hölle befände: nach der homerischen Unterwelt, die vom äußeren Geschick bestimmt war, der vergilischen Hölle, die die innere Fatalität eines jeden verursachte, hier nun die danteske Hölle: die der freien Wahl, die selbstauferlegte Hölle.

Die Traumata globalen Maßstabs haben die Intellektuellen dazu gebracht, den Begriff Hölle zu vertiefen. Das Resultat ihrer Studien ist nicht beruhigend. Die Hölle liegt an der Wurzel der menschlichen Befindlichkeit und des Lebens in der Gesellschaft. Das ist es, was die Denker der Gegenwart, wenn auch in unterschiedlichen Formulierungen, allesamt feststellen, deren Schlußfolgerungen sich eher ergänzen als einander widersprechen.

Alles spielt sich in der Tat in den Beziehungen zwischen dem Ich und den anderen ab. Sich selbst zu stärken, isoliert sich die Hölle in mir und realisiert mit Angst ihre fundamentale Einsamkeit: „Dort wo ich bin, dort gibt es einen freien Willen. Und dort, wo ein freier Wille ist, ist die absolute und ewige Hölle an der Macht", schreibt Marcel Jouhandeau. Diese Hölle vervollständigt sich in der erzwungenen Kommunikation mit den anderen. Die Situation in Sartres Drama „Bei geschlossenen Türen", das ist die menschliche Befindlichkeit, die Tragödie zu dreien: du und ich unter dem Blick von ihm; verdammt, mit dem anderen zu leben, existiere ich nur durch ihn und unter seinen Blicken, und ich vermag nichts zu tun, um mein Bild zu ändern. Ich entkomme mir selbst: „Das also ist die Hölle. Ich hätte es niemals geglaubt… Sie erinnern sich: der Schwefel, der Scheiterhaufen, der Rost… Ach, was für Spielereien; es bedarf nicht des Rostes – die Hölle, das sind die anderen."

Eine existenzielle Höllenangst, die Martin Heidegger in der Verzweiflung situiert, die die Verschmelzung des Ich im anonymen „man" hervorruft, und durch die „der Angstschauder unaufhörlich durch das Menschenwesen läuft". Das Bewußtsein der Absurdität dieser Situation intensiviert das Leiden: Ich lebe als „Fremder" für die anderen und für das Universum, in eine Welt ohne Ziel und ohne Ende geworfen: das ist die Hölle nach Camus.

Dino Buzzati hat eine ergreifende Version des Besuchs in der Unterwelt in „Der K." gegeben, wobei er das Themas Dantes wiederaufnimmt: Ein Journalist findet unter der Leitung eines Technikers der Mailänder U-Bahn den Eingang zum Reich Satans: eine große Stadt, lahmgelegt von Verkehrsstaus – das ist die tägliche Hölle. „Soweit der Blick reichte, breiteten sich vor mir die Qualen der Menschen aus. Ich sah, wie sie sich sträubten, zitterten, lachten, sich aufrichteten, fielen, sich wiederaufrichteten, wiederum fielen, sich schlugen, miteinander sprachen, lächelten, weinten, fluchten – und das alles in Erwartung der nächstkommenden Minute..."

Mit dieser modernen Vision schließt die Geschichte der Hölle, die nach einem Umweg von 3000 Jahren wieder bei den sumerischen Vorstellungen anlangt: Alles spielt sich in dieser Welt ab, „die Hölle der Lebenden ist nichts, was erst kommt; gibt es eine, dann ist es die, die schon existiert: die Hölle, die wir täglich bewohnen, die wir alle zusammen gestalten", schreibt Italo Calvino in „Die unsichtbaren Städte". Diese Hölle ist so alt wie die Menschheit und wird so lange bestehen wie sie selbst. Und die alte Frage, die der Mensch sich seit Gilgamesch und Enkidu stellt, bleibt ohne Antwort: Warum?

Literaturhinweise

Atzberger, L., Geschichte der christlichen Eschatologie, Freiburg 1896

Auffarth, Chr., Mittelalterliche Eschatologie, Göttingen 1999

Baschet, J., Les justices de l'au-delà, Les représentations de l'enfer en France et en Italie (XIIe – XVe s.), Rome 1993

Bautz, J., Das Fegfeuer im Anschluß an die Scholastik, mit Bezugnahme auf Mystik und Aszetik dargestellt, Mainz 1883

Bautz, J., Die Hölle, Mainz ²1905

Becker, E. J., A Contribution to the Comparative Study of the Medieval Visions of Heaven and Hell, Baltimore 1899

Bernstein, A. E., The Formation of Hell. Death and Retribution in the Ancient and Early Christian Worlds, Ithaca 1993

Borges, J. L., Casares, B., Das Buch von Himmel und Hölle, Stuttgart 1983

Camporesi, P., The fear of hell, University Park 1991

Carozzi, C., Le voyage de l'âme dans l'au-delà d'après la littérature latine (Ve-XIIIe s.), Rome 1994

Cavendish, R., Visions of Heaven and Hell, London 1977

Davidson, C./Seiler, Th. (Hgg.), The Iconography of Hell, Kalamazoo MI 1992

Dinzelbacher, P., Das Fegefeuer in der mittelalterlichen Schrift- und Bild-Katechese: Studi medievali 3a serie 38, 1997, 1–66, Tav. I–VIII

Dinzelbacher, P., Die letzten Dinge. Himmel, Hölle, Fegefeuer im Mittelalter, Freiburg 1999

Dinzelbacher, P., Mittelalterliche Visionsliteratur, Darmstadt 1989

Ellis, H. R., The Road to Hel, Cambridge 1943

Fleischhack, E., Fegfeuer, Tübingen 1969
Fournié, M., Le Ciel peut-il attendre? Le culte du Purgatoire dans le Midi de la France (1320 environ – 1520 environ), Paris 1997
Heer, F., Abschied von Höllen und Himmeln, Eßlingen 1971
Henke, J., Dantes Hölle. Erklärung der Höllengliederung und Höllenstrafen, Dortmund 1911
Himmelfarb, M., Tours of Hell. An Apocalyptic Form in Jewish and Christian Literature, Philadelphia 1983
Holböck, F., Fegfeuer. Leiden, Freuden und Freunde der Armen Seelen, Stein a. R. ^{2}1978
Hutter, M., Altorientalische Vorstellungen von der Unterwelt, Göttingen 1985
Jezler, P. (Hg.), Himmel, Hölle, Fegefeuer. Das Jenseits im Mittelalter (Katalog), Zürich 1994
Klimkeit, H.-J. (Hg.), Tod und Jenseits im Glauben der Völker, Wiesbaden 1978
Kretzenbacher, L., Legendenbilder aus dem Feuerjenseits, Wien 1980
Landau, M., Hölle und Fegfeuer in Volksglaube, Dichtung und Kirchenlehre, Heidelberg 1909
Le Goff, J., Die Geburt des Fegefeuers, Stuttgart 1984
Matsunaga, D. u. A., The buddhist concept of hell, New York 1972
Mew, J., Traditional Aspects of Hell, London 1903
Minois, G., Die Hölle, München 1996
Owen, D. D. R., The Vision of Hell. Infernal Journeys in Medieval French Literature, Edinburgh 1970
Rüegg, A., Die Jenseitsvorstellungen vor Dante und die übrigen literarischen Voraussetzungen der „Divina Commedia" I, Einsiedeln 1945.
Vorgrimler, H., Geschichte der Hölle, München 1993
Walker, D. P., The Decline of Hell. Seventeenth-Century Discussions of Eternal Torment, London 1964
Xella, P. (Hg.), Archeologia dell'inferno. L'Aldilà nel mondo antico vicino-orientale e classico, Verona 1987